COACHING TDAH

Coaching para Jóvenes y Adultos con
Déficit de Atención con o sin Hiperactividad

Jorge Orrego Bravo

JORGE ORREGO BRAVO

Quiero dar las gracias a todas las personas, que nos han enseñado sobre sus desafíos y obstáculos para conseguir sus objetivos, y el coraje que necesitaron para enfrentarse directamente a ellos.

CONTENIDO

TRECE SEMANAS PARA CONOCER Y EMPEZAR A ENTRENAR EL TDAH

"Un viaje de miles de kilómetros empieza con un primer paso"

Rabindranath Tagore

Las personas con TDAH, que no se han entrenado, tienen tendencia a:

- perder la concentración en medio de una tarea,

- tomar decisiones impulsivamente,

- olvidar hacia donde se dirigen o lo que están por hacer.

- Y tienen dificultad para organizarse y planificar a corto, mediano y largo plazo.

Coaching Adultos TDAH es un libro de ejercitación: de ejercitación de estrategias para reconocer y dominar los síntomas del déficit de atención/hiperactividad.

Como cualquier otro programa de entrenamiento, es acumulativo, es decir, para lograr el efecto máximo se requiere desarrollarlo realizando los ejercicios y acumulando los nuevos a aquellos que ya se dominan.

Basta con pensar en un programa típico para aumentar el tono vital del cuerpo, para entender lo que quiero decir. Los ejercicios físicos se van añadiendo gradualmente, sin por ello descuidar los que ya se realizan con soltura.

Lo mismo vale para nuestro caso. Este manual de auto-entrenamiento para adultos TDAH te ofrece los medios necesarios para fortalecer gradualmente las diversas facetas del TDAH, hasta que al final del libro te encuentres más capacitado para desarrollar todo el programa de forma natural y con más facilidad, obteniendo mejores resultados.

No leas de corrido el libro ni trates de captar todas sus ideas a la vez. Recuerda que el secreto del éxito en todos los programas de entrenamiento es convertir los ejercicios en una segunda naturaleza. Solo entonces empezarás a notar los efectos.

Cuanto más tiempo dediques a cada uno de los capítulos, cuanto más tiempo inviertas en su lectura y con mayor frecuencia vuelvas sobre ellos, más útiles te resultarán. Al hacer los ejercicios, verás que unos son más gratificantes que otros; su adecuación a cada persona varía de una persona a otra.

Por ejemplo, de partida quizá tengas tú aptitudes para cambiar tu fisiología a través del deporte; entonces, los ejercicios destinados a incrementar la organización personal te serán los más provechos.

Puede que, por el contrario, ya seas una persona que ha aprendido a organizarse satisfactoriamente, pero que te falle la impulsividad a la hora de afrontar la solución de un problema; aplícate entonces al capítulo que trata de la resolución de problemas.

Si los ejercicios de manejo de la atención que aparecen en el capítulo séptimo te hacen ver que necesitas una mayor perspectiva y una mayor conciencia de tus propias capacidades, haz de esto una prioridad absoluta.

Sé consciente de cuál es tu forma actual de pensar, de cómo llegas tú a crear tus opiniones y tomar decisiones. Esta autoconciencia es el primer paso para entrenar el cerebro. El capítulo pensamientos útiles v/s inútiles te ayudará a darte cuenta de la forma especial, individual, en que funcionan tus pensamientos y sentimientos. Cada capítulo describe un aspecto distinto de la mente caprichosa de un adulto TDAH y la forma de aumentarla y fortalecerla.

Empezaremos lenta y sencillamente por entrenar un nuevo estado fisiológico. Trabajarás tú con una materia que te resulta familiar aunque quizás lejana: el ejercicio físico. Este capítulo te ayudará (además de ofrecerte beneficios a tu salud y auto imagen) a tomar nota de las novedades científicas sobre la increíble relación entre la mente y la actividad física en el TDAH.

Tras la novedosa ciencia del cerebro y el ejercicio, Coaching para Adultos TDAH aborda los desafiantes ejercicios de motivación para el cambio con el fin de preparar el terreno mental para todo lo que ha de venir después. Espero ser capaz de mostrarte la belleza que encierra el definir objetivos y la importancia que tiene para ti y para el resto del programa.

El arte de definir objetivos es la base del pensamiento correcto, es decir, desapasionado y liberado de las emociones negativas. Provisto de las armas de las metas y el equilibrio, ya puedes tú adentrarte audazmente en nuevas facetas del pensamiento y la solución de problemas.

Más adelante, Coaching para Adultos TDAH pasa de lo general a lo particular, a su interior: organización personal, manejo de la atención, impulsividad y postergación, y la capacidad para revisar tu conducta y pensamientos. En estos aspectos se pretende aumentar la confianza en tus aptitudes mentales y en tu proceder en aquellas facetas de la vida que te tocan a diario: gestión del tiempo, comunicación, comprensión y perspectiva.

En general, cada capítulo funciona como sigue: define una faceta problemática en los adultos TDAH, por ejemplo, la organización o la impulsividad, y te provee de ejercicios que llamaremos «Si quieres comprender, ¡haz!», y que demuestran cuál es su utilización.

Muchos de estos ejercicios deben realizarse sin salir de tus tareas cotidianas, otros requieren un momento y un espacio especiales para rellenar las fichas de registro adjuntas. Algunos se contestan con un simple «sí», otros con un simple «no». Cada ejercicio en cada área está pensado para incrementar esa zona, para trabajar en ella, y para ejercitar esa parte hasta darle una mayor solidez.

Insiste en las estrategias que te parezcan difíciles hasta que las domines. Cuanto más se te resistan, mayor será el provecho para ampliar tu capacidad. Aunque el libro está concebido para ser leído y practicado en trece semanas, las personas aprenderán cosas distintas en diferente proporción.

Tú quizá quieras trabajar sólo una parte del programa. Tal dedicación puede llevarte días, semanas, o incluso meses. Si el programa no lo realizas por completo en trece semanas no te impacientes ni te preocupes. Antes de pasar al siguiente paso, consigue que cada ejercicio sea para ti tan natural como el acto de respirar. El libro puede esperar, estará siempre en su sitio cuando tú te sientas dispuesto a leerlo. Léelo con tranquilidad y piensa en las estrategias como puertas que abrirán estancias antes nunca usadas de tu cerebro. Detente y reflexiona; cuanto más lo hagas, mayor provecho extraerás.

Incrementa la frecuencia de las estrategias hasta que lleguen a formar parte de tu vida diaria. Tal como ocurre con un programa de índole física, se hará más fácil con la práctica. Vuelve sobre las páginas y léelas de nuevo si no las ha comprendido enteramente. El cerebro cambia; de otro modo reproduciríamos siempre en forma mecánica y monótona los mismos pensamientos y conductas

Puedes descargar todas las fichas de trabajo en www.atencion.org/fichas

INTRODUCCIÓN

Los problemas principales que tienen los adultos con TDAH son la falta de organización, la poca previsión, y la deficiente gestión emocional. El coaching TDAH se centra en tres ámbitos: **la organización personal, el relacional, y el laboral. En el ámbito laboral hay tres puntos básicos para trabajar:** Las fuentes de **distracción**; la **planeación**; la **clasificación** (tareas, papeles, recursos). Luego de la medicación, para muchas personas, la **actividad física** está entre los recursos que más reduce los síntomas del TDAH, y mejora la gestión emocional. En caso que la persona con TDAH tenga un trastorno asociado, como depresión, abuso de sustancias o un trastorno de ansiedad, se deben primero tratar estos síntomas, por los profesionales competentes.

El coaching es una disciplina que busca ayudarte a alcanzar tus metas en la vida.

Se pretende que la relación de coaching te guíe a alcanzar mejores resultados en tu vida: académicamente, profesionalmente, socialmente o en cualquier área de la vida que desees mejorar.

Por medio de la asistencia y el apoyo individualizados, los coaches (o "entrenadores" en castellano) te ayudan a concentrarte en el lugar en donde te encuentras al presente, a dónde quieres llegar y cómo puedes llegar allí.

Aristóteles afirmo que el éxito no es un acto, sino un hábito.

El nuevo siglo ha despertado con el resurgir de la misma idea, ahora bautizada con el moderno nombre de coaching.

La premisa fundamental que defienden los expertos en coaching es que tienes mucho más potencial del que aprovechas.

El coaching se trata de un compendio de métodos de preparación mental para emprender iniciativas y conseguir metas potenciando tus puntos fuertes.

Los obstáculos nos deberían hacer reconocer que ignoramos algo, un procedimiento, un modus operandi, sin embargo uno de los principales impedimentos para lograr nuestros objetivos es que sentimos vergüenza a pedir ayuda cuando no entendemos algo. Muchos adultos pasamos buena parte de la vida fingiendo que sabemos realizar las cosas, que controlamos la situación. Abrirse al aprendizaje comienza con el valor de reconocer nuestra ignorancia en algunos temas.

Los conceptos de coaching profesional y personal han estado presentes durante varias décadas y hay cierto consenso de que la primera mención del coaching aplicado a personas con Déficit de Atención/Hiper-actividad (TDAH), aparece en el libro Controlando la Hiperactividad, cuyos autores son *Edward M. Hailowell* y *John J. Ratey*; allí se dice que el objetivo del entrenador o coach es ayudar al cliente a dejar atrás una serie de conductas nocivas y reemplazarlas por comportamientos que le faciliten cumplir obligaciones y metas.

Es preciso subrayar que el coaching puede entenderse como una forma de intervención psicológica. Así, por ejemplo, la terapia cognitivo conductual tiene en alta estima la observación directa por parte del terapeuta en el contexto natural de la conducta y el cambio basado en acciones concretas.

El movimiento del coaching psicológico en Europa está creciendo cada día más. Las últimas tendencias en este campo apuestan hacia la promoción de programas de coaching basados en la evidencia científica. La diferencia clave entre coaching y la coaching psychology es que ésta última incluye la aplicación de teoría psicológica.

TDAH en adultos y Coaching

Como sabemos, el TDAH puede traer serias consecuencias en la vida de una persona si no es diagnosticado y tratado adecuadamente.

Muchos estudios dan cifras alarmantes sobre la incidencia de niños, adolescentes y adultos con este problema, que presentan pobre desempeño escolar, abandono de escuela o universidad, problemas laborales y maritales, abuso de drogas, conductas antisociales etc.

Gran parte de estos problemas se deben a la falta de capacidad que tienes para organizarte, medir las consecuencias antes de actuar o hablar, y controlar tus emociones, entre otras características propias del Déficit de Atención con o sin Hiperactividad.

Por lo tanto, el Coaching para el TDAH busca ayudarte a elegir tu futuro, a aprender nuevas habilidades y a potenciar los recursos que ya tienes.

Para lograr esto se establece una sociedad entre tú y el coach, en la cual este último te da constante aliento y apoyo, además de brindarte una serie de estrategias que te permitan desenvolverte de manera asertiva y lograr tu objetivo; es decir, se trabaja para que incorpores a tu vida una serie de hábitos productivos.

Un punto importante del Coaching para el TDAH es despertar tu conciencia sobre el problema para aprender a manejarlo, y reflexionar sobre las consecuencias de tus actos.

Las personas con TDAH están cansadas de fracasar y muchas veces necesitan a alguien fuera del entorno familiar ante quien ser responsables de sus acciones.

El coaching TDAH les ofrece esta posibilidad porque ayuda a contrarrestar la tendencia a sabotearse a sí mismas. Otras de sus contribuciones son dar estructura, inspirar responsabilidad (capacidad de elegir la respuesta), fijar metas, organizarse, establecer prioridades y gestionar el tiempo de mejor manera.

El coaching del TDAH busca atender los retos diarios de vivir con el TDAH. Un coach ayuda a las personas con el TDAH a llevar a cabo las actividades prácticas de la vida diaria de una manera organizada, puntual y orientada a la meta. Por medio de una asociación cercana, el coach ayuda al cliente a aprender destrezas prácticas y a iniciar el cambio en su vida diaria.

Un coach o entrenador puede ayudar al adulto con el TDAH a:

- **Mantener el foco**

- **Traducir las metas en acciones**

- **Establecer retroalimentación y aprender a usar las recompensas eficazmente**

A través de las interacciones regulares, los coaches observan cómo los síntomas del TDAH afectan la vida de sus clientes y luego proveen entusiasmo, recomendaciones y técnicas prácticas para atender los retos específicos.

Pueden ofrecer recordatorios, hacer preguntas o sugerir técnicas de manejo del tiempo. Los coaches hacen preguntas para ayudar al cliente a generar estrategias y a actuar sobre ellas.

Ejemplos de tales preguntas son:

¿Qué es lo que quieres?

¿Cómo lo vas a lograr?

¿Cuánto vas a tardar?

¿Cómo puedes activarte a ti mismo para tomar acción sobre esta meta?

¿Cuándo puedes completar esta acción?

¿Qué pasos has dado ya, y cuándo vas a dar los pasos que faltan?

Las reuniones regulares son una parte esencial del proceso de coaching.

Estas sesiones pueden llevarse a cabo en persona, por teléfono o por correo electrónico, dependiendo de la preferencia del cliente. También existen innovadores programas de autoayuda asistidos por ordenador. Sin embargo, antes de que el proceso de coaching comience, el cliente y el coach deben tener una sesión inicial que trabaje asuntos tales como las necesidades del cliente, las expectativas tanto del cliente como del coach y los honorarios.

La primera sesión de coaching es una reunión a fondo, para hacer una evaluación de las necesidades del cliente, determinar las metas a corto y mediano plazo y desarrollar un plan de trabajo para alcanzar esas metas.

Algunas de las razones por las que las personas con TDAH acuden a un coach son la necesidad de:

- organizarse,

- tener un mejor rendimiento académico,

- rediseñar su vida porque hay algo importante que desean cambiar,

- ordenar mejor su tiempo para poder ejecutar lo importante,

- mejorar sus relaciones sociales,

- tener un punto de vista objetivo sobre sus decisiones,

- obtener monitoreo sobre alguna actividad,

- diseñar un plan de acción sobre un punto específico.

Obstáculos para el coaching

Hay varios asuntos que pueden complicar el proceso de coaching:

- No puedes usar pautas sencillas a pesar de los recursos y recordatorios del coach.

- Tienes una condición psiquiátrica coexistente.

- Tienes circunstancias de vida muy estresantes.

- Tienes una enfermedad física.

¿Cómo puede mejorar el coaching TDAH la vida?

Teniendo en cuenta que las personas somos seres multifacéticos que jugamos diferentes roles en diferentes contextos, es importante que al mismo tiempo que te centras en las metas que quieres conseguir, tengas una idea general de cómo esas metas encajan en la compleja estructura que es tu vida.

Hay tres ámbitos principales a considerar, **el de la organización personal, el relacional, y el laboral.**

El primero, la organización personal, es un factor de vital importancia ya que éste determinará la manera en que te desenvuelves en los otros dos aspectos.

Cada individuo posee esquemas de trabajo particulares, estos esquemas de trabajo comprenden la forma en que almacena y procesa la información que recibe, los estímulos ambientales que desencadenan respuestas, así como el repertorio de respuestas con que cuenta.

Considerando que el TDAH trae consigo una serie de retos en cuanto a la forma en la que procesas la información, es preciso mejorar este especto, y el primer paso para lograrlo es clasificando los aspectos problemáticos y trabajando cada uno de ellos de manera ordenada.

Entre los principales problemas que se aborda a través del coaching del TDAH están la desorganización (cosas por hacer, prioridades, satisfacción de necesidades, etc.), el manejo ineficaz del tiempo, falta de concentración.

Algunas de las herramientas que se pueden utilizar para mejorar la organización personal son: Listas de cosas por hacer, listas jerárquicas (empezando por las cosas más urgentes e importantes) y utilizar un planificador personal.

Recordemos que una persona con TDAH presenta problemas para organizarse y hacer planes, así que la idea es usar estas herramientas y subsanar estas deficiencias.

El segundo aspecto a considerar es el relacional, el cual comprende todo tipo de relaciones sociales, haciendo hincapié en las relaciones de amistad y en las familiares.

Las personas con TDAH suelen tener problemas para relacionarse por su dificultad para mantenerse en un mismo "canal de comunicación" con sus interlocutores, lo cual les hace pasar de un tema a otro sin haber dado un mensaje claro.

Esto puede hacerlos parecer groseros o desconsiderados, generando desconfianza o recelo a la hora de establecer relaciones.

Dentro de la familia también pueden producirse tensiones ya que dada su falta de planificación y los frecuentes olvidos, el sujeto con TDAH suele descuidar obligaciones o compromisos familiares.

El coach en este caso debe hacer una evaluación de las habilidades sociales del cliente a fin de detectar las necesidades de entrenamiento, es decir, el coach debe saber si se trata de una falta de habilidades sociales o por el contrario, que aunque el cliente en teoría sepa cómo debe comportarse su problema sea cómo y cuando emplear estas habilidades.

Por último, está el aspecto laboral, las dificultades que las personas con TDAH tienen en el trabajo son numerosas, impuntualidad, retraso en las fechas de entrega, acumulación de trabajo, bajo rendimiento, son algunos ejemplos de ello, lo cual tiene como consecuencia despidos, abandono de empleos, y en general una gran inestabilidad laboral. Todo esto a su vez genera problemas financieros, ansiedad y frustración en el sujeto.

En el ámbito laboral hay tres puntos básicos para trabajar. Mejorar las condiciones de trabajo eliminando cualquier fuente de **distracción** en la medida de lo posible; mejorar la **planeación** a través de la agenda y el diseño de hojas de ruta; Aprendiendo a **clasificar** (tareas, papeles, recursos) y ordenar, a fin de minimizar el tiempo y el esfuerzo que se emplea en recolectar información

TDAH y ejercicio físico

"El problema de hacer jogging es que, cuando te das cuenta de que no estás en forma para ello, ya es demasiado tarde para dar la vuelta"

FRANKLIN P. JONES

No necesitamos que se diga que el ejercicio es bueno. Sabemos que combate el colesterol, sabemos que fortalece nuestros corazones y sabemos que detiene la acumulación de grasa corporal.

Pero, más allá de los evidentes beneficios físicos de un buen ciclo de correr o nadar, un creciente cuerpo de evidencia sugiere que mover nuestro cuerpo también ayuda a modelar el cerebro. Incluso caminatas regulares a paso acelerado pueden mejorar la memoria, aliviar el estrés, mejorar la inteligencia y disipar la agresión.

No se puede subestimar la importancia que el ejercicio regular en la mejora de la función y el rendimiento del cerebro.

Pruebas en ratones mostraron que el ejercicio activa un gen que está vinculado a una sustancia química que participa en el desarrollo de nuevas células nerviosas.

Muchas personas con síntomas de TDAH fueron poco reforzadas a la práctica de la actividad física, por poco gratas experiencias en la infancia y adolescencia.

En muchas escuelas la educación física no tiene una prioridad suficientemente alta (puede que se considere como quitar tiempo a las asignaturas académicas «más importantes»).

A veces la prioridad en la enseñanza de juegos, y especialmente en las actividades extraescolares, parece que dé pie a desarrollar el talento de una minoría de alumnos más dotados y entusiastas.

A menudo existe un énfasis exagerado en los juegos de equipo y los deportes que son difíciles de seguir jugando al llegar a la edad adulta.

Se ha de dar oportunidades de todo tipo a personas con habilidades y aptitudes de todo tipo para que puedan participar y disfrutar con su participación y desarrollar sus habilidades y talento sin importar las limitaciones que tengan.

Se debe prestar más atención para desarrollar las habilidades y los intereses de los pasatiempos activos que sean más fáciles de continuar en la vida adulta.

El hecho de desarrollar el talento natural y permitir la participación en los juegos de grupo es un excelente objetivo, con tal de que no se hagan con la exclusión de todo lo demás.

Si el TDAH está relacionado con las alteraciones a nivel motor como se ha justificado con diferentes artículos científicos, es evidente que estas alteraciones tienen una influencia notable en la Actividad Física Deportiva practicada.

El aislamiento social característico, o el sedentarismo en la etapa adolescente, puede que no sean, en la mayoría de los casos, casualidades.

Los juegos colectivos como el fútbol, están a la orden del día en los recreos de todos los colegios, y por tanto un individuo con pocas destrezas innatas en este aspecto, posiblemente será apartado, rechazado, y/o excluido del equipo. Sin duda, esto puede repercutir a nivel emocional.

En varios estudios se observa que, los niños y adultos en los que predomina el primer conjunto de síntomas, que engloban las alteraciones atencionales, y los que presentan el subtipo combinado, muestran una habilidad para la motricidad fina menor que los niños del subtipo hiperactivo-impulsivo, y éstos a su vez tenían una habilidad menor que los del grupo control.

Uno de los principios activos de un programa de entrenamiento para jóvenes y adultos con TDAH, según el enfoque que inspira este texto, es el ejercicio; la actividad física.

El TDAH tiene un fuerte componente neurobiológico y el ejercicio, junto con la medicación, es una manera de hacernos cargo de ello.

En muchos casos, enseñar a adultos con TDAH estrategias de organización, de resolución de problemas, o de cambio de creencias sin incidir sobre los elementos biológicos del TDAH es como enseñar a volar a la gente, tirándose de los cordones de sus zapatos. Lo único que crea es más frustración.

Cuando hablamos de la importancia del ejercicio físico nos referimos no sólo a lo relevante que es para la salud en general, para la estética y la autoestima; sino que practicar una actividad física de forma regular aumentan las catecolaminas y neurotransmisores implicados en los síntomas de la falta de atención, impulsividad, y falta de motivación.

Conclusiones

El coaching TDAH lo puedes pensar como una forma de terapia centrada en posibilidades, recursos y objetivos.

Hay todo un trabajo de integración teórica y de evaluación de resultados esperando el aporte de la coaching psychology.

Los problemas principales que tienen los adultos con TDAH son la falta de organización, la falta de previsión, y la deficiente gestión emocional.

En caso que la persona con TDAH, tenga un trastorno asociado como la depresión, abuso de sustancias, o un trastorno de ansiedad, se deben primero tratar estos síntomas, por los profesionales competentes (médicos y psicólogos).

El coaching TDAH se centra en tres ámbitos: **la organización personal, el relacional, y el laboral.**

En el ámbito laboral hay tres puntos básicos para trabajar:

Las fuentes de **distracción**; la **planeación** y la **clasificación** (tareas, papeles, recursos).

Después de la medicación, la **actividad física, la respiración y la alimentación** son los medicamentos naturales que más reducen los síntomas del TDAH, y mejoran la actitud emocional. Es más lento que una pastilla, pero muchos estudios están mostrando que sus efectos positivos son a largo plazo.

1. PRIMERA SEMANA
EL CEREBRO Y EL EJERCICIO

"Cuando no puedas correr trota, cuando no puedas trotar camina, cuando no puedas caminar usa el bastón pero nunca te detengas."

Madre Teresa de Calcuta

El TDAH es una condición con un fuerte componente biológico. La neurofisiología es la avenida que conduce a controlar síntomas del TDAH. Uno de los medios para influir sobre la neurofisiología consiste en los fármacos, pero no es el único. También cambiar la manera de utilizar el sistema muscular: se puede modificar la postura, las expresiones faciales, la respiración. Además influyen positivamente en nuestra fisiología la combinación eficaz de alimentos y la respiración.

Doy por supuesto que te decides a limpiar y nutrir bien tu cuerpo. En este capítulo contemplaremos una de las bases de la neurofisiología sana: el ejercicio físico.

La energía es el combustible del cambio. Por mucho que cambies tus modos de pensar si tienes la neurofisiología alterada, el cerebro recibirá representaciones mentales poco claras. En realidad, no será probable que tengas muchas ganas de poner en práctica lo que hayas aprendido.

Aunque uno tenga el mejor vehículo deportivo del mundo, si pretendes que funcione con vodka no correrá. Y aunque tengas el mejor vehículo y el combustible adecuado, si las bujías no dan chispa correctamente, el rendimiento no será el mejor. En este capítulo compartiremos algunas ideas sobre la energía y concentración mental y sobre cómo elevarla a través del deporte. Cuanto más alto el nivel de energía, más eficiente será tu organismo. Y cuanto más eficiente sea, mejor te sentirás y más aplicarás tu talento a la obtención de mejores resultados.

Muchos encuentran el iniciar y mantener una rutina de ejercicios es algo muy difícil. Pero, según nuestro enfoque, para las personas con TDAH, es casi imprescindible. En las personas con TDAH, el ejercicio aumenta la atención y disminuye la impulsividad, hay menos necesidad de moverse y desplazarse, y hay una mayor claridad mental y concentración.

METAS DEL CAPÍTULO 1

- Conocer las ventajas cognitivas del ejercicio en el TDAH

- Identificar algunas de las barreras que nos impiden tener una vida con más actividad física.

- Presentar un programa sistemático para hacer deporte

Los beneficios "mentales" del ejercicio en adultos TDAH.

Aunque los efectos positivos del deporte y la actividad física se conocen desde hace ya largo tiempo, su aplicación a la promoción de la salud del cerebro de las personas sigue siendo limitada. Aparte de los impactos directos que tiene sobre el organismo (fortalecimiento del sistema cardiovascular, aumento de la masa muscular, mejoramiento del estado físico) equilibra estados de ánimo y aclara el pensamiento.

El ejercicio combate las hormonas del estrés y ayuda en la producción de antioxidantes. El ejercicio continuado mejora la ansiedad, el pánico y el estrés casi como los medicamentos. Si mueves tu cuerpo, se engaña al cerebro en el que sale de la hibernación y reduce los síntomas de la depresión.

Para los fumadores que intentan dejar de fumar, 5 minutos pueden ayudar con la irritabilidad asociada. Los mayores de 60 años que hacen ejercicio regularmente de 60 a 70 por ciento de su ritmo cardíaco máximo condujo a un aumento de tamaño de la corteza del cerebro.

Para las mujeres, un beneficio adicional de las actividades aeróbicas es que pueden reducir los niveles de los síntomas premenstruales.

Aunque esta es buena noticia para todos, es aún mejor para ese 3-5% de la población diagnosticada con el Trastorno de Déficit de Atención e Hiperactividad. Aunque el ejercicio no necesariamente reemplace el medicamento, puede ayudar al tratamiento de síntomas que acompañan el TDA/H, como depresión y algunos otros desórdenes.

Existe un fuerte acopio de investigación que demuestra el fuerte rol del ejercicio en el tratamiento de síntomas asociados con el TDA/H, esto ayudándoles a las personas con TDA/H una sensación de dominio sobre la condición, otorgándoles un sentimiento de logro e incrementando de manera positiva la autoestima.

El ejercicio mejora la norepinefrina y la dopamina en el cerebro, que son exactamente los neurotransmisores sobre los que actúan los medicamentos para el TDAH. El ejercicio disminuye el deseo de uso de sustancias. Además se obtienen beneficios adicionales al introducir más estructura y rutina en la vida diaria.

Dentro de los tipos de actividad física la aeróbica la más efectiva. La actividad aeróbica es cualquier ejercicio que te haga sudar: correr, andar en bicicleta, spinning, patines, nadar, etc.

El ejercicio aeróbico intenso causa un surgimiento de energía positiva, acompañada por una alteración de los químicos del cerebro que pueden incrementar el vigor, mejorar el ánimo y la creatividad, bajar la tensión, fatiga, enojo y depresión.

La ansiedad es el otro síntoma que se ve beneficiado por los efectos del ejercicio. El ejercicio aeróbico reduce los sentimientos de ansiedad al provocar una activación diferencial hemisférica en el cerebro. El realizar regularmente ejercicio aeróbico también incrementa la oxigenación e irrigación sanguínea del cerebro, lo cual provoca muchos efectos beneficiosos.

El cerebro eventualmente tiene más vasos sanguíneos creciendo e incrementando la demanda de más sangre y esto desarrolla una circulación colateral que puede proteger al cuerpo de un ataque cardíaco. Recientes investigaciones muestran que el incrementar el flujo sanguíneo libera el factor de crecimiento del cerebro.

El cerebro adulto, a los menos ciertos partes, del mismo, es casi tan maleable como el del niño, pero hay una ley de hierro: lo que no se usa se pierde. Nuestro cerebro está diseñado para la acción; la pereza y la rutina lo intoxican.

Por plasticidad cerebral se entiende la capacidad del sistema nervioso central para adaptarse continuamente a circunstancias cambiantes, esto sucede en todos los cerebros cada vez que aprendemos algo nuevo, y el ejercicio físico contribuye.

El ejercicio físico puede potenciar la función cerebral, mejorar el estado de ánimo e incrementar el aprendizaje.

Un nuevo beneficio se suma a la lista de hacer ejercicio: perder peso. Unos kilos de menos ayudarían también a poder concentrarse más y a la memoria en general. Es el principal hallazgo de un estudio realizado por la Universidad Estatal de Kent que estudiaron a 150 pacientes con obesidad. No sólo el cuerpo se beneficia sin el sobrepeso, sino que también la mente.

¿Por qué quiero, pero no puedo?

Ahora sabes que el ejercicio es bueno para la mente y el cuerpo, incluso quieres hacer ejercicio, pero no lo haces.

Suceden muchas cosas entre proponerse algo y hacer un cambio de comportamiento. Para la mayoría de las personas que desean hacer cambios duraderos, la línea de del éxito no es una recta. Todo cambio pasa por seis fases.

Para tener éxito en nuestros propósitos hay que "pasar de la etapa actual a la siguiente."

Estas son las etapas que se relacionan hacer ejercicio:

Precontemplación.

Si no tienes la intención de tomar medidas para hacer ejercicio, estás en la etapa de precontemplación. Durante esta etapa, aún no estás preparado. Puede que necesites más información para ayudarte a despertar el interés.

Contemplación.

Estás pensando en tomar medidas para hacer ejercicio en los próximos seis meses. En esta etapa es útil que medites sobre pros y los contras de hacer ejercicio. Esto puede ayudarte a identificar las barreras personales, puede ser, por ejemplo, que te avergüence que te vean tus vecinos corriendo o que el hacer ejercicio es algo que se te impone y no has elegido tú. En esta etapa puede ser conveniente proyectarte hacia el futuro e imaginar lo que tu vida sería si logras tu objetivo de hacer ejercicio (y si no lo haces).

Preparación.

En esta etapa tienes previsto tomar medidas para hacer ejercicio en el próximo mes a seis meses. Durante esta etapa es importante establecer metas claramente, sostenibles y medibles. Aquí está un ejemplo de un buen objetivo: "Andaré por media hora después de la cena todos los lunes, miércoles y viernes". Compara esto con un objetivo débil. "Voy a hacer más ejercicio"

Otro signo de un objetivo bien formado es que encaja con tus "objetivos de vida en general". Si odias las mañanas y decides madrugar todos los días para salir a correr es probable que esa idea sea una receta para el fracaso.

Acción.

En esta etapa has tomado medidas en los últimos seis meses, pero no has resuelto tus dificultades con la falta de ejercicio. Estar atento durante esta etapa es primordial. Es probable que caigas en la tentación de abandonar tus buenas prácticas. Si te has ido fuera de pista, vuelves ha comenzar de nuevo.

De mantenimiento.

En esta etapa eres capaz de decir que has sido constante con la práctica de ejercicio desde por lo menos hace seis meses. Los nuevos hábitos se integran a través de la repetición, la conciencia constante y la rendición de cuentas, es importante recordar que durante esta etapa, la clave está en practicar, practicar y practicar.

Terminación.

Aquí has logrado el sueño de "cambio de comportamiento" el hacer ejercicio se ha convertido en un "hábito", que ya no requiere una batalla interna.

Algunas barreras que nos impiden hacer ejercicio

Tomar la decisión de hacer ejercicio regularmente lleva a un frustrante ciclo que se inicia con buenas intenciones, pero que no tiene continuidad.

¿Por qué es así? Los cambios que quieres hacer deben producirse dentro de un escenario en el que tienes otras prioridades e influencias, como son la sensación de hambre, el deseo de consuelo, las emociones desagradables, las expectativas de otros y las responsabilidades familiares y de trabajo.

Una vez analizados todos estos factores y tu experiencia pasada, queda claro que hacer ejercicios no es tu único objetivo.

¿Por qué en el pasado no pudiste cambiar hábitos de vida? Puedes pensar que se debe a la pereza, al cansancio, o a que simplemente estás muy ocupado. Desgraciadamente, estas explicaciones son demasiado simples y, a menudo, dilatan la solución del problema.

Además, no te ayudan a saber qué es lo que debes hacer de forma distinta. Según sea tu carácter, puedes pasar desde aceptar una explicación, a enfadarte o, simplemente, rendirte.

Hay diversas razones que te llevan a alejarte del camino, actuando impulsivamente ante sensaciones incómodas, reaccionando de forma áspera frente a tus errores o dirigiendo tu atención y energía hacia las expectativas de otras personas.

Una vez identificadas las barreras que te impiden seguir el camino analizándolas fríamente, estarás en posición de atacar eficazmente el problema, en lugar de esconderlo enterrado en tu frustración y continuas desilusiones.

Para conseguir éxito en un proyecto, es necesario que se realicen bien varias cosas. Entre otros factores, debes saber:

1.- Lo que hay que hacer.

2.- Para qué se hace.

3.- Cuál es la meta última.

4.- Controlar las posibles distracciones y mantener alta la confianza.

Una barrera se produce cuando tienes dificultades en áreas que te impide seguir el camino que te has trazado. Cada barrera muestra un elemento importante que hay que cambiar para tener éxito.

Las dificultades que surgen en cada área pueden provocar frustración, sobre todo si no se entienden o no se identifican. Te animamos a que veas cada barrera como una oportunidad para entender, aprender, confrontar y superarlo.

1ª Barrera: No estás verdaderamente preparado para hacer ejercicio.

A lo mejor estás pensando que el plan de ejercicios se conseguirá solo con proponértelo. Quizás has empezado demasiado pronto sin estar preparado para el cambio. O quizás no valoras tu salud lo suficiente como para pensar que una de tus prioridades es tener un estilo de vida saludable para tu cerebro.

Soluciones

-Haz una lista de pros y contras de hacer ejercicio.

-Haz real tu futuro, considera de forma objetiva que es lo que puede suceder si mantienes el modelo de vida actual.

-Con el fin de evitar que empieces sin estar preparado, ponte a prueba con una meta a corto plazo y prepárate para ella y para los cambios que sean necesarios con el fin de conseguirla.

Usa sistemas visuales como un gráfico con los días que haces ejercicio para ir viendo tus progresos.

2ª Barrera: Tiendo a perder los objetos que necesito para hacer ejercicio.

Para hacer cualquier tipo de actividad física se requiere organización. Por ejemplo, tener las zapatillas y la ropa deportiva a mano. Hacer y deshacer el bolso deportivo.

Soluciones:

- Deja la ropa deportiva preparada el día anterior.

- Coloca la ropa en un lugar que te recuerde lo que tienes planeado hacer.

- Si vas a ir al gimnasio haz una lista de las cosas que tienes que llevar: ropa deportiva, ropa de muda, toalla, elementos de higiene, ¡la llave de la taquilla!, dinero, las llaves de tu casa…

- Conoce tu bolso del gimnasio. Piensa dónde irá la ropa limpia, la ropa sucia, y la ropa húmeda. Puede que tengas que llevar la tarjeta de socio, el candado de la taquilla, tus documentos…

- Deshace el bolso del gimnasio cuando llegues a casa y coloca los objetos y la ropa sucia y/o mojada en el lugar que corresponda.

- Reacciona de manera positiva ante tus errores. Si olvidas la llave de la taquilla, toma nota para la próxima vez. Y si te vuelve a pasar, escribe los pasos, visualízate haciéndolo de la manera correcta y toma nota para la próxima vez... Y si te vuelve a pasar, toma nota para la próxima vez..., el único error es rendirse

3ª barrera: No tengo tiempo para hacer ejercicio

La falta de tiempo es un obstáculo común, pero puede solucionarse. Pregúntese cuánto ve televisión o pasa conectado a Internet y trate de definir prioridades.

Soluciones:

- Levántate antes y haz una breve caminata.

- Usa las escaleras en vez del ascensor, al menos por unos pocos pisos.

- Establece un horario con un amigo para compartir actividad física regularmente.

- Desarrolla una rutina que puedas hacer en casa. Mientras miras TV o lees, camina en una cinta o use una bicicleta fija.

4ª barrera: Estoy demasiado cansado para hacer ejercicio.

Mucha gente descubre que está menos cansada una vez que se ha embarcado en un programa regular de ejercicio. Una actividad física regular da más energía.

Soluciones:

- Empieza despacio. Recuerda que un poquito de movimiento es mejor que nada.

- Haz ejercicio de mañana. Esto te dará más energía durante todo el día.

- Cuando vuelvas del trabajo, no te sientes a ver TV o a leer el diario. Ponte las zapatillas y sal a caminar o está en movimiento.

5ª barrera: El ejercicio no me gusta

Mucha gente siente que la actividad física es aburrida o molesta. Entre las numerosas alternativas, hallará alguna que disfrutes. Busca, experimenta: encontrarás.

Soluciones:

- No te concentres solo en el movimiento. Mientras haces actividad física puedes trabajar en el jardín, estar con amigos, bailar o expresarte con el cuerpo. La manera en que encuadres mentalmente el ejercicio puede cambiar mucho las cosas.

- Mezcla actividades. No te sientas atado a una sola opción, como caminar. También puedes nadar, jugar al fútbol con tu hijo, o andar en bici.

- Escucha música al hacer ejercicio. Las personas con TDAH llevan muy bien el lograr sintonizar música, ritmo y el movimiento del cuerpo. Estimula el cerebro y hace pasar más rápido el tiempo.

- Piensa en el tiempo de actividad como en tiempo para ti: te hará sentir mejor.

-Prueba algún videojuego de ejercicios, como por ejemplo los de la consola Wii.

6ª barrera: Tengo muchos años para el ejercicio. ¿Y si me hace mal?

Nadie tiene muchos años ni está demasiado excedido. La actividad física moderada ayuda a mantener el peso y demora enfermedades asociadas con la edad. Eso sí: consulta al médico antes de empezar.

Soluciones:

- Empieza lentamente y acostúmbrate al aumento de actividad, en forma gradual.

- Caminar es bueno para empezar. También, bicicleta fija o ejercicios en el agua.

- Haz estiramiento. La flexibilidad mejora la movilidad en articulaciones y músculos.

- Considera ejercicios de poca resistencia, como el uso de bandas elásticas.

- El dolor muscular después del ejercicio es común, especialmente al principio. Si duele durante, puede ser un motivo de alarma.

7ª barrera: Empiezo con entusiasmo, pero no lo mantengo

Un error habitual es comenzar un programa de intensidad demasiado alta y que progresa muy rápido. Si el cuerpo no está habituado, se puede sentir dolor y rigidez. El aburrimiento es otro enemigo.

Soluciones:

- Evite lo tradicional: quizás te entusiasma más una clase de boxeo o spinning.

- Define si prefiere las actividades individuales o en grupo, y luego elige.

- Va paso a paso. Sé realista, establece metas que puedas cumplir. Una a corto plazo puede ser subir por la escalera en lugar del ascensor, tres veces por semana.

- Además ponte metas a largo plazo, como correr 5 kilómetros. Anótalas para ayudarte a lograrlas.

8ª barrera: Me preocupa parecer ridículo mientras hago ejercicio.

Trata de dejar de lado esos pensamientos. Una vez que hayas empezado, descubrirás que el ejercicio no es tan vergonzoso como supusiste.

Soluciones:

- Tu incomodidad desaparecerá a medida que ganes confianza.

- Ejercita a la mañana temprano, cuando hay menos gente.

- Trata de practicar algo en tu casa.

- Inscríbete en una clase de gimnasia con otras personas que quieran ponerse en forma.

9ª barrera: El ejercicio me da hambre

La gente puede comer un poco más cuando empieza a hacer ejercicio. No tiene nada de malo, pero no hay que arruinar todos los beneficios ingiriendo demasiados alimentos con muchas calorías.

Soluciones:

- Antes del ejercicio, come alimentos como pan integral, pasta o arroz integral.

-Prepara una ingesta saludable para después: fruta, yogur o galletas integrales.

- Bebe mucha agua antes, durante y después.

Existen motivaciones ocultas que nos sacan del camino del ejercicio físico.

Para saber si no tienes claros tus objetivos ni tu plan de acción, pregúntate ¿En qué lugar de la lista de prioridades está el hacer ejercicio?

Para saber si está actuando el desahogo de librarse de sensaciones molestas, pregúntate ¿con qué frecuencia utilizo la comida, el alcohol, el tirarme en la cama, el ver televisión o jugar a los videojuegos, para reconfortarme cuando me siento mal?

Para saber si está actuando la necesidad de autonomía, pregúntate ¿pienso que el ejercicio es algo que debo hacer presionado por otros y no es una elección que he hecho libremente?

Para saber si está actuando la necesidad de evitar los riesgos de estar más sano, pregúntate ¿cómo puede cambiar para peor mi vida si me encuentro más fuerte y más sano?

Para saber si está actuando la necesidad de tener una válvula de escape, pregúntate ¿con qué frecuencia reviso cuáles son mis necesidades y deseos personales?

Para saber si está actuando la necesidad de evitar conflictos con otros, pregúntate ¿dejo de hacer ejercicio por no ser capaz de decir no a los requerimientos de otro?

Tarea de refuerzo

Si deseas comprender, ¡haz!

Plan progresivo de 12 pasos para ponerse a correr

Todos los deportes y todo tipo de actividad física son beneficiosos para las personas con TDAH. Sin embargo, de todos los ejercicios, los de tipo aeróbico parecen ser los más efectivos. Correr, nadar, caminar rápido, andar en bicicleta, jugar al fútbol, etc, son actividades aeróbicas.

Si has pasado de la etapa de precontemplación y tienes en mente ponerte a hacer ejercicio te mostramos un plan progresivo para ponerse a correr. Para correr sólo necesitas zapatillas, tiempo, y ya puedes empezar saliendo del portal de tu casa.

Si no está entre tus planes empezar a correr, puedes saltarte esta parte e ir directamente a los otros capítulos del libro.

¡A correr!

¡Felicitaciones! Si te has decido de empezar a correr tienes nuevas experiencias y momentos fantásticos por delante. Vas a notar un progreso rápido que también afectará tu estado de ánimo en otras ocasiones. ¿Cuáles son las cosas que necesitas saber para tomar los primeros pasos de decisión a acción?

1. Tener paciencia

Aunque acabo de decir que vas a avanzar muy rápido, la mayor barrera y riesgo de fracaso, es querer ir demasiado, y demasiado rápido. El entrenamiento es gradual. Tienes que empezar con correr muy poco y más despacio de lo que te habías imaginado. ¡Acéptalo!

2. Planificar

Planifica tus pases, igual como si fueran reuniones de trabajo. Lo ideal es ponerse de acuerdo con un amigo/a en la misma situación y empezar juntos/as. Es más difícil saltarse un pase si has quedado con alguien que si estás sólo/a pensando si salir a correr por la noche o no. Regálate media hora día por medio. ¿Te parece mucho empezar con tres a cuatro pases por semana? Es justo lo que necesitas para que funcione – la continuidad. Considéralo media hora menos de tele, Internet u otra cosa no necesaria que no vas a echar de menos. Conseguirás otro hábito más entretenido y saludable.

3. Cómprate lo más necesario

Correr es muy fácil, pero para empezar necesitas comprar lo más esencial, un par de zapatos buenos. En una tienda de correr puedes comprar unos buenos zapatos de correr de dependientes que conocen el tema. Es muy importante tener buenos zapatos y es la inversión material más importante que vas a hacer. Un par de zapatos viejos pueden quitarte las ganas de entrenar. Los zapatos tienen que estar ajustados sin apretar y definitivamente no provocar rozaduras.

4. Empezar despacio

Bueno, ahora tienes tus zapatos nuevos y has quedado con el vecino para salir a correr en media hora. ¿Dónde? ¿Cuánto tiempo? ¿A qué velocidad? ¡No cojas el coche para ir a un gimnasio o un parque! Empieza desde la puerta de tu casa. Deberíais mantener un ritmo que os permite conversar – si corres sólo/a adáptate a un ritmo en que podrías estar conversando. Seguramente es más lento de lo que te habías imaginado, pero es más duradero. Empieza a caminar de nuevo y cambia entre correr y caminar un par de veces más hasta que volver a la casa después de media hora. Cada vez que sales intenta correr un poco más y caminar menos. Después de un par de semanas vas a poder correr los 30 minutos sin caminar. Abajo hay un programa más detallado.

5. Relájate

Es importante estar relajado durante el entrenamiento. Si observas los mejores atletas parece muy fácil. Pues, no lo es, pero la técnica de correr se basa en tener el cuerpo relejado y no estar tenso. Relaja lo brazos, los hombros no deben de moverse mucho. No aprietes el puño. Mantén el cuerpo recto - fácilmente se inclina hacia delante cuando estas cansado. Dirige la fuerza hacia delante y no hacia arriba o hacia los lados. Al final de las sesiones, cuando estas cansado, es aun más importante pensar en la postura y la técnica.

6. Alternar con fuerza

Tu corazón será rápidamente más eficiente con el entrenamiento regular de media hora. Pero las lesiones aparecen cuando la condición física supera la fuerza muscular. Por eso es importante que empieces a entrenar en terreno sinuoso después de un par de semanas, cuando puedes hacer las 30 minutos sin parar o caminar. Intenta aumentar la velocidad cuesta arriba con pasos cortos y rápidos (no mires hacia abajo). Cuesta abajo o en camino plano corres tranquilamente y despacio. Este es el juego de velocidad o sprint y te dará mucha fuerza para correr. Intenta de alternar el entrenamiento en terreno plano y terreno sinuoso.

7. No corras con dolor

Los primeros entrenamientos te darán dolores en los músculos. Es natural y un signo de que realmente has activado músculos que no has usado en mucho tiempo. Pasará rápidamente. Pero, si sientes un dolor muy intenso, tienes que tomar precauciones. Las primeras partes que normalmente protestan son los ligamentos de las piernas y las rodillas. Para el entrenamiento algunos días si sientes dolores y cambia por otra actividad como por ejemplo la bicicleta, patines o natación.

8. Ahora intenta algo más rápido

Un problema que tiene muchas personas cuando empiezan a correr es una tendencia a hacer pasos demasiado largos. El pie debe de pisar en una línea vertical debajo de la cadera. Si pisas más adelante frenas el paso y eso implica un esfuerzo más grande e innecesario que puede provocar molestias en los pies y las piernas. Para practicar la coordinación y aumentar la frecuencia de los pasos puede intentar a correr más rápido al final de tu vuelta unos 40 pasos. Si estiras el cuerpo e impulsas el pie con más fuerza tendrás un paso más alto. Camina un minuto y después vuelves a correr rápido unos 40 pasos de nuevo, siguiendo así unas 3-4 veces. Después de unas semanas puedes aumentarlo a 50-60 pasos unas 8 veces. Este ejercicio se llama "carrera de coordinación".

9. Una vuelta más larga

Cuando haz completado los pasos arriba y puedes…

…correr media hora sin parar o caminar,

…hacer juegos de sprint,

y terminar con carrera de coordinación…

…puedes empezar a hacer una vuelta de la semana más larga. Todavía debes de avanzar despacio y tener paciencia. Aumentar la vuelta con 5´minutos a la vez es suficiente hasta que llega a 45 minutos. No lo veas cómo un fracaso si necesitas volver a hacer una pausa caminando de nuevo. Si estas bien con 45 minutos puedes seguir hacia los 60 minutos. Ahora si que has alcanzado una meta – **¡corres una hora sin parar!**

10. Comer bien

Una hora y media a dos horas de entrenamiento quema calorías. Comer algo después de cada sesión, preferiblemente antes de entrar a la ducha. Evita de hacer dietas, una comida balanceada y sana es lo mejor. No dejes pasar demasiado tiempo entre una comida y otra. No empieces a correr muy cerca o muy mucho tiempo después de comer. La mayoría necesitan aproximadamente tres horas para digerir la comida. No saltes tampoco la merienda por la tarde si vas a salir a entrenar antes de cenar.

11. ¡Diviértete!

El entrenamiento nunca puede ser el único fin. Somos todos distintos y nos gustan cosas distintas. Busca algo que te crean las ganas de salir a correr. Puede ser comprar ropa deportiva, apuntarte a una cursa o maratón, cambiar lugar de entrenar, ir a sitios dónde no has estado antes y dar vueltas de sightseeing en tu propia ciudad.

12. Plan de entrenamiento (una sugerencia)

A continuación (y también disponible en www.atencion.org/fichas) puedes encontrar un plan de entrenamiento para 14 semanas. Este texto es para los que no hacen ningún tipo de entrenamiento. Si ya estas haciendo otros deportes puedes empezar a correr más tiempo y sin pausas pero siguiendo los mismos principios:

Correr con regularidad, muy despacio para empezar y aumenta sucesivamente el tiempo de correr.

Cuenta minutos en vez de kilómetros para evitar sobre esforzarte para un nuevo récord cada vez que sales a correr.

El plan es sólo un ejemplo. No te estreses si necesitas más tiempo para poder correr media hora sin parar. Si te enfermas y pierdes una semana o más retrocedes o vuelves al principio de nuevo. Tampoco hace falta seguir los minutos sugeridos exactos, no pasa nada si son 8 o 12 en vez de 10 minutos.

Plan de entrenamiento

Semana	Día 1	Día 2	Día 3	Día 4
1	15 min caminar, repetir 3 veces: 3 min correr + 2 min caminar	15 min caminar, repetir 3 veces: 3 min correr + 2 min caminar	12 min caminar, repetir 3 veces: 4 min correr + 2 min caminar	12 min caminar, repetir 3 veces: 4 min correr + 2 min caminar
2	10 min caminar, repetir 4 veces: 4 min correr + 1 min caminar	10 min caminar, repetir 4 veces: 4 min correr + 1 min caminar	12 min caminar, repetir 3 veces: 4 min correr + 2 min caminar	
3	9 min caminar, repetir 3 veces: 5 min correr + 2 min caminar	9 min caminar, repetir 3 veces: 6 min correr + 1 min caminar	6 min caminar, repetir 4 veces: 5 min correr + 1 min caminar	9 min caminar, repetir 3 veces: 6 min correr + 1 min caminar
4	5 min caminar, repetir 5 veces: 4 min correr + 1 min caminar	6 min caminar, repetir 3 veces: 7 min correr + 1 min caminar	5 min caminar, repetir 5 veces: 4 min correr + 1 min caminar	
5	3 min caminar, repetir 3 veces: 8 min correr + 1 min caminar	Repetir 5 veces: 4 min correr + 2 min caminar	Repetir 5 veces: 5 min correr + 1 min caminar	Repetir 3 veces: 8 min correr + 2 min caminar
6	Repetir 3 veces: 9 min correr + 1 min caminar	Repetir 3 veces: 8 min correr + 2 min caminar	Repetir 2 veces: 14 min correr + 1 min cam	

7	15 min correr, 3 min caminar, 12 min correr	20 min correr, 2 min caminar, 8 min correr	15 min correr, 3 min caminar, 12 min correr	20 min correr, 2 min caminar, 8 min correr
8	30 min correr	15 min correr, 3 min caminar, 12 min correr	30 min correr	
9	20 min correr, 2 min caminar, 8 min correr	30 min correr	20 min correr, 2 min caminar, 8 min correr	30 min correr
10	30 min correr en terreno montaña	30 min correr	30 min correr en terreno montaña	
11	30 min correr	30 min correr en terreno montaña	30 min correr incluído 4-5 sprint	35 min correr
12	30 min correr en terreno montaña	30 min correr incluído 4-5 sprint	40 min correr	
13	30 min correr en terreno montaña	30 min correr incluído 6 sprint	30 min correr en terreno montaña	45 min correr
14	30 min correr en terreno montaña	30 min correr incluído 6 sprint	45 min correr	

2. SEGUNDA SEMANA
INFORMACIÓN

"Aprender es descubrir lo que ya sabes, hacer es demostrar lo que sabes. Enseñar es recordar a otros, que saben tanto como tú. Todos somos aprendices, hacedores, maestros."

Richard Bach

La **información** acerca de los síntomas del TDAH promueve el autoconocimiento y la toma de conciencia de las fuentes de ansiedad, y ayuda a evaluar las estrategias con las que nos enfrentamos a las dificultades.

Por tanto, es incompatible con la tendencia a aceptar de forma pasiva la «falacia biológica» del trastorno que puede surgir en las personas con TDAH. A lo largo de este libro, se enfatizará la idea de que las condiciones neuropsicológicas, responden positivamente al esfuerzo de la persona para desarrollar nuevas estrategias de afrontamiento. Además de tu predisposición genética o biológica a vivir con TDAH, influye el cómo ha sido tu vida, y que haces concretamente para enfrentarte con el TDAH.

En este segundo capítulo se te informará de manera general sobre el TDAH, sobre su origen y su caracterización, así como sobre su tratamiento. Respecto a los abordajes terapéuticos, se destacan el programa de entrenamiento psicológico cuyo eje es el modelo cognitivo conductual y el coaching, modelos de intervención estructurados, flexibles y basados en objetivos, idóneos teniendo en cuenta las características específicas de los adultos con TDAH.

METAS DEL CAPÍTULO 2

- Conocer los **criterios diagnósticos** del TDAH en el adulto y sus características.

- Reconocer la **interferencia** del problema en las diferentes esferas de la vida adulta.

¿Qué es el TDAH?

A una persona se le diagnostica Trastorno por Déficit de Atención e Hiperactividad (TDAH) cuando exhiben comportamientos inapropiados en cuanto a atención, impulsividad y actividad o movimiento.

Estos síntomas pueden no ser obvios o estar presentes permanentemente ya que pueden modificarse por situaciones familiares, técnicas aprendidas en la infancia, personalidad, inteligencia, etc.

Las características deben estar presentes desde la infancia temprana, y deben impactar varias áreas de la vida cotidiana (escuela, trabajo, relaciones interpersonales, etc.), y no deben tener otras causas fisiológicas y/o psicológicas.

Las características del TDAH tienen un claro componente neuro- biológico y generalmente cambian a medida que el individuo se hace mayor.

El TDAH, en la mayoría de los casos, no desaparece con la edad aunque los comportamientos o síntomas pueden no mostrarse de la misma manera o con la misma intensidad. La impulsividad y la hiperactividad parecen disminuir con la edad, pero los problemas de atención y concentración persisten en la mitad de la adultez y aún más.

Se ha establecido que el TDAH tiene un fuerte componente genético, con cálculos de heredabilidad de 60 a 90%; es decir, gemelos idénticos muestran una mayor concordancia de síntomas de inatención e hiperactividad en comparación con gemelos no idénticos.

Los estudios familiares también han proporcionado fundamentos para la heredabilidad del TDAH; el riesgo de que un padre con TDAH tenga un hijo con la condición es de 57%.

Sin embargo, ahora el desafío para los investigadores es determinar, mediante el examen de la relación entre los genes y los riesgos ambientales, cómo la susceptibilidad genética se traduce en los síntomas de TDAH.

Los factores de riesgo ambientales incluyen acontecimientos prenatales y perinatales (por ejemplo, prematuridad, problemas natales, consumo de tabaco y alcohol durante el embarazo) así como factores psicosociales (negligencia, manejo parental deficiente, discordia familiar, etc.).

Además, otros factores de riesgo también pueden contribuir a la manifestación del TDAH, como un traumatismo craneoencefálico y la exposición al plomo.

Aunque el término TDAH es una etiqueta, es una etiqueta que aporta.

Esto se debe a que las características del TDAH definen quién eres y cómo ves el mundo. Por eso es importante entender que un diagnóstico de TDAH no es más que el primer paso en el descubrimiento de ti mismo.

Las personas sin diagnóstico, o aquellos que eligen no ocuparse de sus características, a menudo presentan lo siguiente:

- Baja autoestima
- Malos resultados académicos
- Abuso de alcohol y sustancias prohibidas

- Depresión
- Ansiedad
- Comportamientos obsesivo-compulsivos
- Fracasos laborales, de relaciones y maritales
- Comportamientos inapropiados y de alto riesgo incluyendo adicciones sin drogas, como la ludopatía.

Mitos y realidades sobre el TDAH

Mito: Las personas con TDAH sólo necesitan ser medicadas.

Realidad: Aunque la medicación es importante para bastantes personas, sólo es una parte del plan de tratamiento. La medicación por sí sola generalmente no alcanza.

Mito: Todas las personas con TDAH son hiperactivas

Realidad: Se reconocen tres subtipos de TDAH:

- Con predominio de la impulsividad-hiperactividad

- Con predominio del déficit de atención.

- Tipo combinado

Sin embargo, aunque la hiperactividad es "externa" y fácilmente observable, muchos individuos con TDAH tienen hiperactividad "interna" que generalmente se siente como ansiedad o inquietud.

Mito: El TDAH se pasa con la edad. El TDAH es un trastorno exclusivo de la infancia y adolescencia.

Realidad: Antes se pensaba que el TDAH se curaba ya que pocos adultos mostraban los mismos síntomas que los niños. Sin embargo ahora sabemos que en muchos adultos los síntomas a menudo parecen diferentes, o se "esconden" a través de mecanismos estresantes.

Mito: El TDAH es una nueva enfermedad, debida sobretodo al ritmo de vida actual y los cambios en las sociedades de países desarrollados.

Realidad: El TDAH es un problema conocido desde hace más de 100 años. Aunque ha recibido diversos nombres a lo largo de su historia (defectos en el control moral, disfunción cerebral mínima, hiperkinesia infantil, etc.) no puede decirse de que trate de un problema nuevo. Se dispone de suficiente apoyo científico para afirmar que es un diagnóstico bien establecido.

Las exigencias de la sociedad pueden influir en la interferencia de los síntomas en la vida cotidiana de las personas afectadas. Sin embargo, los estudios indican que la prevalencia del TDAH se mantiene estable a lo largo del tiempo, y es similar tanto en países industrializados como en aquellos en vías de desarrollo.

Mito: Hay muy pocas mujeres con TDAH

Realidad: Actualmente, se estima una prevalencia de TDAH superior en varones que en mujeres. Sin embargo, estudios actuales ponen de manifiesto un problema de detección de la condición en mujeres. Una posible explicación sería la mayor prevalencia del subtipo inatento en mujeres, hecho que podría influir en el infradiagnóstico.

Mito: El síntoma principal del TDAH es la hiperactividad

Realidad: Los ejes sintomáticos principales del TDAH son la inatención, la hiperactividad y la impulsividad. Este trastorno se clasifica en tres subtipos, en función de los síntomas que predominen, siendo éstos: TDAH inatento, TDAH hiperactivo/impulsivo y TDAH combinado (este último expresa síntomas de los tres ejes sintomáticos).

Mito: El TDAH actualmente está sobre diagnosticado. Al mínimo descuido se etiqueta a una persona de TDAH, sobretodo a niños.

Realidad: Para poder decir que una persona tiene TDAH es necesario realizar un proceso diagnóstico, y cumplir una serie de requisitos establecidos y consensuados por la comunidad científica. No es suficiente con presentar algún síntoma de inatención o de hiperactividad, sino que éstos deben suponer dificultades significativas en la vida cotidiana de la persona.

Mito: El TDAH se relaciona con la inteligencia o la pereza

Realidad: No existe relación entre el TDAH y la inteligencia. A menudo se han atribuido los síntomas relacionados con el trastorno (por ejemplo, dificultades para estudiar, aplazar las tareas para el último momento) a una menor capacidad intelectual o a *la poca fuerza de voluntad*. Sin embargo, estas dificultades son debidas a los síntomas del TDAH y a las estrategias de afrontamiento desadaptativas relacionadas con estos síntomas.

Mito: El TDAH desaparece con la edad. Concretamente, se resuelve durante la adolescencia.

Realidad: Es cierto que algunos síntomas del trastorno pueden atenuarse o modificarse con el paso de los años. Sin embargo, se estima que en alrededor del 50% de los casos diagnosticados de TDAH en la infancia o adolescencia, el trastorno persiste en la edad adulta. La prevalencia de TDAH en población adulta se sitúa alrededor del 4,4%.

Mito: El TDAH exime de responsabilidades a la persona afectada, que cometerá errores frecuentes, tendrá dificultades para planificar, será despistado/a, etc.

Realidad: Una persona que haya sido diagnosticada de TDAH, puede encontrar una explicación coherente a determinados síntomas y dificultades que probablemente habrá experimentado a lo largo de su vida. Sin embargo, conocer estas dificultades es el primer paso para poner en marcha los mecanismos posibles para remediarlos, paliarlos, superarlos o minimizarlos. El diagnóstico no es una excusa, sino un reto.

Mito: El tratamiento con fármacos psicoestimulantes produce dependencia.

Realidad: El uso correcto de los fármacos psicoestimulantes, siguiendo las dosis prescritas por el psiquiatra, no produce tolerancia ni dependencia. Al contrario, algunos estudios indican que niños que han seguido tratamiento farmacológico tienen una menor probabilidad de presentar trastornos por abuso de sustancias.

¿Qué síntomas presenta el adulto con TDAH?

Síntomas principales:

Inatención

- No presta atención suficiente a los detalles o incurre en errores por descuido
- Dificultades para mantener la atención en tareas o actividades lúdicas
- No escucha cuando se le habla directamente
- No sigue instrucciones y no termina las tareas
- Dificultades para organizar tareas o actividades
- Evita tareas o actividades que requieran esfuerzo mental sostenido
- Extravía objetos
- Se distrae fácilmente con estímulos irrelevantes
- Olvidadizo en las tareas diarias

Hiperactividad

- Mueve en exceso manos o pies o se remueve en el asiento
- Se levanta en situaciones en que se espera que esté sentado
- Movimiento excesivo en situaciones inapropiadas
- Dificultades para realizar las tareas y actividades de ocio de forma tan tranquila como los demás
- Está siempre en marcha o actúa como si tuviera un motor interno
- Habla en exceso

Impulsividad

- Responde antes de que terminen de formularle la pregunta
- Dificultades para esperar su turno
- Interrumpe o se entromete en conversaciones/actividades de otros

Síntomas asociados

- Baja autoestima
- Búsqueda de sensaciones
- Poca tolerancia a la frustración

- Irritabilidad
- Inseguridad
- Sensación de fracaso
- Abuso de sustancias

Problemas asociados más frecuentes

- T. ansiedad
- T. depresivos
- T. conducta
- T. aprendizaje
- Drogodependencias

¿Qué criterios debe cumplir el adulto para recibir el diagnóstico de TDAH?

- Cumplir criterios diagnósticos de TDAH en la infancia (diagnóstico retrospectivo).

- Presentar 6 o más síntomas de inatención y/o hiperactividad.

- Que estos síntomas produzcan un deterioro significativo en al menos dos ámbitos de desarrollo del individuo: laboral/académico, familiar, social y personal.

- Que estos síntomas no se justifiquen mejor por otro trastorno psiquiátrico.

Según el manual diagnóstico DSM IV existen varios subtipos de TDAH, según predomine la desatención o la hiperactividad:

- Tipo predominantemente COMBINADO: Cumple los criterios de atención y de hiperactividad.

- Tipo predominantemente HIPERACTIVO: Cumple los criterios de hiperactividad pero no llega a los necesarios de falta de atención.

- Tipo predominantemente DE ATENCIÓN: Cumple al menos seis de los criterios de déficit de atención, pero no los de hiperactividad.

El más común es el combinado y, en las niñas, parece predominar el de inatención.

Aunque la clasificación actual del TDAH y sus subtipos se sustenta sobre la base de una investigación muy rigurosa, en el trabajo clínico se observa que los subtipos no son estables a lo largo de los años, mientras que los criterios diagnósticos son idénticos para todas las edades. Los síntomas de hiperactividad/impulsividad declinan más con la edad que los de desatención.

Por otra parte, el subtipo predominantemente DE ATENCIÓN no tiene una aceptación consensuada como subtipo entre todos los investigadores. Algunos piensan que se trata de un trastorno independiente. El subtipo predominantemente DE ATENCIÓN se ha asociado a algunos de estos síntomas:

- 'Está confundido(a) o parece como si estuviera en las nubes'.

- 'Sueña despierto(a); se pierde en sus pensamientos'.

- 'Se queda mirando al vacío'.

- 'Poco activo(a), lento(a) o le falta energía'.

El Déficit de Atención/Hiperactividad en Adultos y las funciones ejecutivas

Muchas de las características principales del Déficit de Atención (TDAH) con hiperactividad están asociadas a una dificultad para inhibir o "frenar" impulsos. Esta dificultad en la inhibición de impulsos no permite que diversos procesos sicológicos, llamados funciones ejecutivas, puedan operar eficientemente.

Las funciones ejecutivas son actividades mentales complejas necesarias para planificar, organizar, guiar, revisar, regularizar y evaluar el comportamiento necesario para alcanzar metas.

Estas funciones empiezan a desarrollarse a partir del primer año de vida y continúan desarrollándose hasta la adolescencia. Por medio de ellas, por ejemplo, podemos responder más a un plan que a las actividades que distraen.

Las funciones ejecutivas permiten guiar tus acciones más por las instrucciones que te das a ti mismo que por influencias externas. Es decir, estas funciones permiten autorregular tu comportamiento para poder hacer lo que te propusiste hacer.

Una función ejecutiva importante es la memoria de trabajo, es decir, la habilidad para retener en la mente aquella información necesaria para guiar tus acciones, al momento o más adelante (p.ej., hacer trámite en el banco, leer el capítulo 1 de este libro y programar hacer ejercicio). Esta función ejecutiva es necesaria para recordar el hacer las cosas en el futuro cercano.

En las personas con TDAH con hiperactividad, la dificultad para inhibir impulsos entorpece la función ejecutiva de memoria de trabajo. Como resultado, puedes ser despistado, olvidadizo para hacer las cosas y desorganizado. Además, puede ser vulnerable a no terminar los propósitos que inicias, a no darte tiempo para pensar en las consecuencias de una acción en particular, a no beneficiarte del recuerdo de experiencias pasadas para responder al futuro y a no manejar el tiempo tan bien como las personas sin TDAH.

Otra función ejecutiva que tiene que ver con desarrollo del lenguaje interno, es decir, la voz privada de la mente que se usa para conversar con uno mismo y dirigir o regir el comportamiento (p.ej., "tengo que fijarme en el examen si el reverso de la hoja contiene más preguntas").

Cuando el resultado de la dificultad para inhibir impulsos interfiere con esta función ejecutiva, se entorpece la autorregulación de tu conducta, la habilidad para seguir reglas, la capacidad para seguir instrucciones cuidadosamente y la habilidad para dar seguimiento a los deberes y a las cosas por hacer en el hogar, trabajo o en los estudios.

Otras dos funciones ejecutivas de importancia son la habilidad para autorregular las emociones y la motivación, así como la habilidad para solucionar problemas.

En la medida en que la dificultad para inhibir impulsos obstaculiza estas funciones las personas con el TDAH son más propensas a frustrarse, a no controlar bien la expresión de las emociones, a costarle mantener la motivación para hacer diversas tareas en ausencia de recompensas inmediatas y frecuentes y a tener más dificultad para vencer o buscar alternativas para superar los obstáculos que se presentan.

La capacidad disminuida para inhibir o "frenar" la tendencia a responder a lo inmediato o más atractivo interfiere con las funciones ejecutivas que son necesarias para desarrollar el autocontrol o dominio de sí mismo y dirigir la conducta hacia el futuro. Como resultado, vemos múltiples indicadores de falta de atención, impulsividad e hiperactividad en las personas con el TDAH.

Las comparaciones entre las personas diagnosticadas con TDAH y las personas sin la condición arrojan informes de fallas que pueden ser reconocidas en seis conjuntos de la función ejecutiva.

1. Memoria: usar la memoria a corto plazo y tener acceso al recuerdo.

2. Foco: prestar atención, conservar la atención, mantenerse concentrado en las tareas.

3. Esfuerzo: regular el estado de alerta, mantener el esfuerzo y procesar la velocidad.

4. Emoción: manejar la frustración y controlar las emociones.

5. Activación: organizar las tareas y materiales, estimar tiempo, establecer prioridades de las tareas e iniciar la actividad.

6. Acción: hacer seguimiento de la propia acción y controlarla. No logras advertir cuándo los demás se sienten desconcertados, heridos o contrariados por lo que acabas de decir o hacer.

La mayoría de los adultos con TDAH dicen experimentar estas seis clases de deterioro de manera crónica, a un grado notablemente mayor que las personas sin TDAH.

Interferencia

Los adultos TDAH tienen más problemas en el trabajo; a bastantes los despiden o renuncian ellos mismos porque no pueden concentrarse y postergan obligaciones. Las probabilidades de tener un trabajo acorde a sus capacidades e intereses son menores. La vida familiar también se ve afectada, con más conflictos, divorcios y separaciones porque no prestar atención a la pareja o a los hijos tiene un precio muy alto, así como la vida social porque la persona con TDAH le cuesta concentrarse en las conversaciones y percibir respuestas emocionales. También corre riesgo de sufrir problemas con el alcohol, el tabaco y accidentes de automóvil, ya que actúan más impulsivamente.

¿Cuáles pueden ser las dificultades a la hora de diagnosticar el TDAH en el adulto?

Modificación de los síntomas: la disminución o incluso, la ausencia de hiperactividad motora en el adulto constituye una dificultad añadida en la detección de los síntomas. Aunque el adulto TDAH no se suba a la mesa de trabajo o no esté constantemente corriendo de un lado a otro, eso no quiere decir que subjetivamente no esté "hiperactivado". Simplemente lo expresará de otra manera: se removerá en el asiento o buscará una excusa para levantarse y salir de la situación que le aburre.

Asociación con otros problemas psicológicos y emocionales: el hecho de que muchas veces coexistan otros problemas, como trastornos de ansiedad, síntomas depresivos o abuso de sustancias, dificulta, no sólo la detección de los síntomas del TDAH, sino también su correcta evaluación. Por este motivo, con frecuencia hay que estabilizar otros síntomas o procurar que la persona se mantenga abstinente del consumo de sustancias antes de proceder a la valoración de los criterios diagnósticos del TDAH.

Falta de conciencia del problema: el adulto con TDAH puede tener dificultades para percibir estos síntomas porque sus déficit atencionales le dificultan la capacidad de auto-observación y, además, porque ya "está acostumbrado" a una forma desordenada de llevar su vida.

Creencias vs. evidencias: se dispone de numerosas evidencias científicas que corroboran la continuidad del TDAH en la edad adulta, no obstante todavía existe una cierta resistencia a considerar el TDAH como un diagnóstico posible y frecuente en la población adulta.

¿De qué pruebas disponemos para evaluar y diagnosticar el TDAH?

Tal como sucede en casi todos los problemas neuropsicológicos, no existen pruebas de laboratorio, genéticas ni de neuroimagen que permitan realizar el diagnóstico del TDAH. Se trata, por tanto, de un diagnóstico clínico, o sea, basado en la información trasmitida por la persona afectada y los familiares. Esta información se puede obtener de diferentes maneras:

Entrevista clínica: suelen ser entrevistas estructuradas en las que se pretende obtener el máximo de información sobre el desarrollo general del individuo, antecedentes personales y familiares, médicos y psiquiátricos. Una parte importante de esta entrevista consiste en la exploración de los síntomas específicos del TDAH, tanto en el momento actual, como en la infancia. Se realiza con el paciente y, preferentemente, un familiar, que en el adulto suelen ser los padres, la pareja u otro familiar cercano.

Cuestionarios auto informado: conjunto estructurado de preguntas que suelen enfocar los síntomas de TDAH y que permiten al individuo valorar la presencia o no esos síntomas y, en la medida de lo posible, cuantificarlos.

Cuestionarios para observadores: idénticos a los cuestionarios del paciente y tienen como finalidad obtener información sobre los síntomas del TDAH desde una otra perspectiva que no la del paciente.

Pruebas neuropsicológicas: los adultos con TDAH suelen presentar un desempeño por debajo de lo que sería de esperar para su nivel de inteligencia en pruebas que evalúan la capacidad para mantener la atención, la memoria verbal, más que la visual, la capacidad para resolver problemas que impliquen retener información y evocarla posteriormente, tareas de planificación y de discriminación de estímulos.

Tratamiento Psicofarmacológico del TDAH en adultos

Actualmente, la medicación es el tratamiento más común para los adultos con TDAH, además de ser el más ampliamente estudiado. Se dispone de diferentes psicofármacos eficaces para el tratamiento del TDAH en el adulto. Estos fármacos se pueden clasificar en dos grupos: fármacos psicoestimulantes y fármacos no psico-estimulantes.

El grupo de los psicoestimulantes está integrado por fármacos como el metilfenidato, las anfetaminas, la pemolina o el modafinilo, mientras que en el segundo encontramos los antidepresivos tricíclicos, fundamentalmente la desipramina, el bupropion o la atomoxetina. Todos ellos se caracterizan por aumentar las catecolaminas, especialmente la dopamina y la noradrenalina (neurotrasmisores), cuyo déficit caracteriza a nivel neurobiológico el TDAH.

Sin embargo, un gran número de personas (aproximadamente 20-50%) que toman medicación se consideran no respondedores. Se consideran no respondedores aquellos individuos en los que los síntomas no disminuyen suficientemente con la medicación, o aquellos que no toleran la medicación. Además, los adultos considerados respondedores típicamente muestran una disminución de los síntomas principales del TDAH de alrededor del 50% o menos.

Debido a estos datos, las recomendaciones sobre el mejor tratamiento para el TDAH en adultos incluyen psicoterapia, concretamente la terapia cognitiva conductual y coaching conjuntamente con medicación.

Entrenamiento o coaching de TDAH

El tratamiento farmacológico puede ser eficaz en pacientes adultos con TDAH, mejorando, sobretodo, problemas atencionales, la hiperactividad y la impulsividad. No obstante, la medicación no proporciona intrínsecamente estrategias concretas ni habilidades de afrontamiento. Se han publicado muchas recomendaciones clínicas sobre la conveniencia de ofrecer tratamientos psicológicos y coaching a los adultos con TDAH.

El objetivo consiste en enseñar a la persona con TDAH estrategias concretas y herramientas de afrontamiento asociadas al déficit funcional, como los despistes, la organización diaria y las tareas administrativas. Se pretende, de esta forma, mejorar la adaptación del individuo en los diferentes ámbitos – académico, laboral, social, familiar, salud y uso de sustancias-, el desarrollo de nuevos hábitos, la disminución de los niveles de ansiedad y el aumento de la autoestima.

El modelo cognitivo-conductual y el coaching TDAH ofrece información y orientación sobre el trastorno, definir objetivos de cambio, así como un entrenamiento en estrategias que permiten un mejor manejo de la sintomatología del TDAH y el afrontamiento de dificultades relacionadas con él. Se basa en la modificación de los pensamientos y comportamientos que interfieren en la vida cotidiana, ofreciendo alternativas más funcionales y adaptativas. El coaching cognitivo-conductual es un abordaje eficaz de la sintomatología refractaria al tratamiento farmacológico.

El proceso del coaching TDAH consiste esencialmente en ayudarte a regular y dirigir tus recursos intra e interpersonales de manera que puedas lograr mejor tus metas. La conducta (incluye las cogniciones, las emociones y las acciones) es un proceso continuo moviéndose hacia objetivos, y que este movimiento ocurre por un proceso de control por retroalimentación.

La función ejecutiva son una serie de procesos en los que te fijas un propósito, desarrollas un plan de acción, comienzas la acción, monitoreas tu desempeño, evalúas tu desempeño en comparación con un estándar y basado en esta evaluación cambias tus acciones o aumentas tu desempeño para alcanzar mejor tus objetivos.

El rol del Coaching TDAH es facilitar el movimiento dentro de este ciclo auto-regulatorio. Cada etapa el Coaching TDAH facilita el proceso de la etapa siguiente. Por ejemplo, la fijación de objetivos se hace de tal manera que facilite una implementación de un plan de acción; el plan de acción se diseñada de tal manera que te motive a la acción y debiese también incorporar formas de monitoreo y evaluación de resultados, adicionalmente sesiones de coaching regulares para el seguimiento.

Los estudios que se han llevado a cabo para evaluar las intervenciones psicológicas en los adultos obtuvieron resultados muy positivos, lográndose la disminución de los síntomas del TDAH. Además, esta forma de intervención parece mejorar los síntomas depresivos y ansiosos comórbidos, así como la adherencia terapéutica.

Ventajas de ser un adulto con déficit atencional-Hiperactividad

A pesar de que el cerebro de la persona con TDAH presenta algunas alteraciones que dificultan su óptimo funcionamiento en algunas áreas de la vida, también aporta ventajas.

La creatividad y el TDAH muchas veces van de la mano. De hecho, existe una lista interminable de artistas, cineastas, escritores, músicos y cómicos que son TDAH. Esto es porque para ser creativo hay que ser capaz de afrontar la realidad de forma "desordenada", y no temerle al caos. El cerebro tiene dos pisos: uno que genera ideas y otro que las dirige. La parte del cerebro que genera ideas y ocurrencias está generalmente bien desarrollada en el adulto TDAH.

Cuando una persona con TDAH afronta una tarea que le gusta lo hace con pasión y entrega. Es cierto que mantener esta energía es lo que te cuesta y normalmente no te dura lo suficiente para terminar lo que empiezas. Sin embargo, si logras auto-regularte y si formas parte de un equipo con capacidades y estilos de trabajo complementarios, puedes convertirte en el alma del grupo.

El *hiperfoco* es un fenómeno que experimentan muchos TDAH que se caracteriza porque la persona es capaz de abstraerse absolutamente en la realización de una tarea o prestar toda su atención de forma selectiva a un detalle en particular.

Desde pequeños, los niños TDAH parece que tienen demasiado en contra. Sin embargo, estos niños se sobreponen con bastante facilidad y no cesan en su empeño de tratar de "pertenecer". Este espíritu de lucha les hace convertirse en adultos que no se dejan amedrentar por las adversidades y que abordan los desafíos de forma proactiva.

El ingenio, está relacionado con la creatividad y la velocidad con la que una persona TDAH tiene ideas. Quizá el ochenta por ciento de las ideas que aporte no tengan ninguna utilidad, pero puede que en el veinte por ciento restante se encuentren verdaderas joyas.

Algunas de las características positivas que se han descrito en la literatura académica sobre el TDAH son:

- Sentido del humor, cómico
- Elevada creatividad, habilidad para identificar alternativas, generar ideas…
- Elevada vitalidad, grado de energía, "incansable"
- Habilidad para hiperfocalizar
- Entusiasmo, pasión por las cosas en las que se implica
- Carácter extrovertido, sociable, abierto
- Buena capacidad para adaptarse a los cambios, improvisar
- Elevada decisión, intrepidez, valentía
- Buena capacidad de reacción en situaciones adversas

Más aspectos positivos que también se han hallado habitualmente en personas con TDAH son:

- don de la palabra
- capacidad de persuasión
- simpatía
- bondad
- tolerancia
- máquina de generara ideas
- don para la improvisación constante
- capacidad para levantarse e intentar una y otra vez
- no rencoroso
- buena capacidad de respuesta "ante retos",
- capacidades intuitivas,
- capacidad de llevar a cabo varias tareas a la vez (multitarea),

- talante aventurero,
- reconocimiento como persona carismática por parte de otros,
- buena capacidad de flexibilidad y adaptación al entorno,
- amigable,
- con iniciativa,
- pragmático/a,
- apasionado/a,
- menor necesidad de descanso,
- rápido/a,
- poco convencional,
- adaptable
- solidario
- pacífico
- elevada espontaneidad, etc.

EL coaching de este libro está dirigido a personas con TDAH. Es por ello que en todos los capítulos se habla sobre esta condición, sus características, las implicaciones que supone a las personas que lo padecen (¡no sólo los problemas o dificultades, sino también aquellas implicaciones positivas!) Sin centrarte exclusivamente en los síntomas del TDAH y partiendo de una visión más amplia del ser humano, podrás apreciar mejor tus características personales, tanto tus puntos fuertes como tus debilidades.

Tanto cuando éramos niños como en edad adulta, se nos ha insistido en trabajar las áreas de mejora, sin embargo trabajando nuestros puntos fuertes y talentos innatos, también podemos avanzar.

Estoy absolutamente seguro que posees ciertas cualidades que destacan sobre otras personas. Quizás tienes el don de la comunicación, o eres creativo, o generas armonía donde vas, o eres empático con los que sufren, o sabes liderar, etc.

Cuando conoces cuál es tu mayor cualidad, puedes apoyarte en ella. Existe en el mundo millones de personas que serán mejores que tú en un determinado punto, y por mucho que te esfuerces nunca desarrollaras ese talento al nivel de aquellos que lo tienen de forma innata.

Para dar lo mejor de ti mismo, no sólo tienes que pulir tus defectos, sino también debes hacer aquello para lo que eres bueno por defecto. Tu trabajo consiste primero en descubrir tus puntos fuertes, y después aprender a aplicarlos. Existe la superchería de que ser talentosos no va más allá de hablar bien, poder hacer cálculos mentales fácilmente, o tener una mirada de listo en situaciones sociales.

Ningún hombre es una isla. Trabajar en equipo es complementar talentos y roles. "Más importante que conocerlo todo, es tener el teléfono de quien lo conoce".

Tarea de refuerzo

Si deseas comprender, ¡haz!

- Hacer un inventario de tus características positivas y recursos. (Ficha 2.1)

Ficha 2.1

Haz inventario de tus características positivas y recursos personales

Tómate el tiempo que necesites para hacer un inventario exhaustivo de tu vida.

¿Qué talentos, habilidades y características positivas posees? Piensa en todos los contextos posibles:

Relaciones sociales

Aspecto físico

Personalidad

Tareas domésticas

Ocio y tiempo libre

Talentos y habilidades

Rendimiento laboral

Otras áreas

¿Qué conocimientos tienes?

Piensa en tu educación, en tus conocimientos especializados y en todo lo que has aprendido en la universidad de la vida.

¿A quién conoces?

Escribe el nombre de todas las personas que conoces o has conocido: compañeros o contactos de trabajo, amigos presentes y pasados, familia, mentores y maestros, conocidos, etc.

Cuando hayas terminado, piensa y escribe…

¿Cuáles de todas estas personas y conocimientos pueden ser recursos para ti?

3. TERCERA SEMANA
DEFINIR OBJETIVOS Y FIJAR METAS

"No hay ningún viento favorable para el que no sabe a qué puerto se dirige"

Arthur Schopenhauer

La fijación de metas es el fundamento de una exitosa auto-regulación. Las metas que son específicas y explícitamente definidas permiten que el desempeño pueda ser regulado e incrementado.

Un alto compromiso se logra cuando la meta es percibida como alcanzable e importante, o cuando participas en la determinación de los logros. La fijación de metas es más efectiva cuando existe retroalimentación que muestre el grado de progreso en relación a la meta.

El Coaching TDAH te invita a fijarte metas específicas, atractivas y con plazos definidos, de modo que puedan ser fácilmente desarrolladas en planes de acción. Por ejemplo, haciendo coaching para un cambio de carrera, una meta pobre sería "desarrollar una serie de opciones de carrera". Esta meta es vaga y pobremente definida. En contraste, la meta "en tal fecha yo tendré 5 opciones de carrera que son congruentes con mis habilidades, valores y creencias" es mucho más específica y es fácilmente traducible a un plan de acción.

METAS DEL CAPÍTULO 3

- Empezar a definir objetivos personales, es decir metas que se puedan ver, oír y sentir, e introducir el concepto de Plan de Acción.

- Pensar en la motivación para el cambio

Planificación y acción en Coaching TDAH

La fijación de metas es una necesaria, pero no suficiente parte del proceso de coaching - los planes deben ser desarrollados y ejecutados. La planificación para la acción es el proceso de desarrollo de una forma sistemática para alcanzar metas.

La buena planificación es particularmente importante para individuos que poseen pocas habilidades de auto-regulación. El rol del coach en la etapa de planificación es facilitar la habilidad de la persona para desarrollar un plan de acción realista y ejecutable. El coach podría tener que enseñar habilidades de planificación, si fuese necesario.

Un resultado clave de una exitosa planificación es facilitarte la transición desde la idea a la acción. La definición de metas se caracteriza por equilibrar cuidadosamente los pros y contras de una determinada acción. El plan de acción se hace presente una vez que la decisión de actuar ya se ha hecho. Esta mentalidad posee una cualidad enfocada y determinada y se inclina a favor de pensar en el éxito más que en el fracaso. Las personas que ponen en marcha un plan de acción tienden a percibirse a sí mismos como en control de sus resultados y experimentan una visión positiva y optimista de sus probabilidades de éxito.

La fijación de metas y la planificación para la acción requieren ser complementadas con monitoreo y evaluación. **El auto-monitoreo y la auto-evaluación** son el proceso de pensar en los propios pensamientos, sentimientos y conductas.

En relación al ciclo auto-regulatorio, el manejo de la atención te permite acceder mejor a las representaciones mentales internalizadas de los estándares y valores de referencia por los que evalúa su desempeño.

Motivación para el cambio

Consideramos importante ajustar las expectativas de cambio, puesto que si éstas son excesivamente elevadas fácilmente te desmotivarás y te sentirás defraudado. En estos casos los resultados pueden ser negativos, no tanto porque el entrenamiento no sea eficaz o porque tú no desees mejorar, sino porque tus expectativas iniciales eran desajustadas.

Además los ejercicios en este libro pondrán en juego muchas de tus estrategias de postergación y en ese sentido serán muy informativos.

Es fundamental dejarse ayudar a la vez que implicarse activamente en la adquisición de nuevas estrategias y habilidades. Algunos cambios se realizan despacio y que muy probablemente surgirán situaciones adversas a lo largo del entrenamiento.

En este capítulo se empieza a debatir y concretar los objetivos de cambio personal procurando reflexionar acerca de los beneficios y perjuicios de este.

Dispones de **3 fichas** para facilitar la determinación de tus propios objetivos y motivaciones para el entrenamiento.

En el ejercicio de la ficha **"Áreas y roles de mi vida"** se te pide que plantees un perfil de las distintas áreas de tu vida.

En el segundo ejercicio de la **"Escala de la Vida"** se te solicita valorar tus lados fuertes y débiles, así como el estado de tu equilibrio de roles.

En el ejercicio de la ficha **"Objetivos"** se te pide que plantees qué aspectos negativos y dificultades esperas poder cambiar con el entrenamiento.

Los objetivos definidos, los beneficios de los cambios, y los tiempos necesarios pueden replantearse. Por ello, se te pide que a la medida que avance el entrenamiento, revises estos primeros ejercicios a fin de constatar tanto los progresos realizados como los aspectos que aún debes mejorar. El objetivo debe ser de un tamaño apropiado; podría ser demasiado grande, en cuyo caso debería dividirse en varios objetivos de menor tamaño y más asequibles.

Podrías ponerte como objetivo controlar los síntomas del TDAH. Evidentemente, esto no se cumplirá en una semana, es demasiado vago y a largo plazo. Es necesario fraccionarlo en porciones menores y más precisas. Hay algunas preguntas que te pueden ayudar en el proceso de definir objetivos:

¿Qué es lo que me impide lograrlo?

Esta cuestión planteará algunos problemas obvios; por ejemplo: carecías de buena literatura sobre el tema que te explique paso a paso algunas estrategias de manera sencilla, y, quizás, necesitarás ser asesorado por otra persona.

Luego convierte estos problemas en objetivos preguntándote a ti mismo:

¿Qué es lo que quiero ahora?

Supongamos que tu objetivo es: *Ordenar mi casa.*

Este quizás también es un objetivo demasiado general y necesitas especificarlo más. Probablemente deberás realizar este proceso varias veces si tienes un objetivo muy grande antes de llegar a un primer paso razonable y alcanzable.

Por otro lado, el objetivo podría parecerte demasiado pequeño y trivial como para motivarte. Por ejemplo, podrías proponerte ordenar un cajón del escritorio, una tarea más bien pequeña y no muy excitante. Para aportar un poco de energía a esto, deberías establecer una relación con un objetivo mayor, más importante y motivador. Por ello te preguntarás:

¿Si realizo esta tarea, ¿qué voy a conseguir?

El objetivo de ordenar un cajón de tu escritorio, podría ser un paso necesario para crear un espacio de trabajo donde realizar cosas más interesantes y productivas. Una vez establecida la relación, puedes acometer el objetivo pequeño con energía obtenida del mayor.

El marco final que rodea la elección de los objetivos es el equilibrio. Nadie existe aisladamente; todos formamos parte de un sistema mayor, la familia, el trabajo, las amistades y la sociedad en general.

Estudiar y aprender habilidades nuevas, implica tiempo y energía, lo que, probablemente, se traduzca en pasar menos tiempo con la familia, los amigos y en pasatiempos. Antes de decidir qué objetivos vas a establecer para ti mismo, averigua de qué ayuda dispones y qué otras cosas de tu vida se verán perjudicadas.

Pregúntate a ti mismo si dispones del tiempo, energía y determinación para completar el aprendizaje.

¿Por qué estás planteándote seguir este programa de entrenamiento en forma de libro?

Si es para progresar en tu carrera, ¿qué pruebas tangibles tienes disponibles que te demuestren que valdrá la pena? Deberás considerar las consecuencias de alcanzar tu objetivo en el contexto de estas relaciones más amplias.

¿Va a haber algún tipo de secuela no deseable?

¿De qué va a tener que prescindir, o apropiarse, para alcanzarlo?

Por ejemplo, si quieres tener más trabajo; quizá esto le requerirá más tiempo, por lo que estarás menos con tu familia.

Además, puede incrementar tu trabajo en forma tal que es posible que no pueda realizarlo en forma adecuada. Por ello deberá asegurarte de que tu objetivo está en armonía contigo como persona en su totalidad.

Los resultados más satisfactorios y valiosos se consiguen negociando y cooperando para establecer objetivos compartidos donde todos los roles de la persona negocian y ganan. De esta manera se tiene en cuenta, de forma automática, la cuestión del equilibrio.

Este tipo de cuestiones pueden hacerte revisar tu meta, o cambiarlo por otro que sirva para el mismo propósito, pero sin tener consecuencias no deseadas. El ejemplo clásico de elección de un objetivo que no toma en cuenta el equilibrio es el rey Midas, que quería que todo lo que tocase se convirtiera en oro. Pronto se dio cuenta de que era un claro riesgo.

Uno de los secretos de la buena consecución de objetivos, es identificar los diversos roles que te componen. Aprender a desempeñar los papeles de cada rol. Pero sobre todo, ir equilibrando tus roles entre sí (a veces eliminando los que son prescindibles).

Tarea de refuerzo

Si deseas comprender, ¡haz!

Ficha 3.1 Dimensiones y roles de mi vida

Ficha 3.2 Evaluación y Escalas de la Vida

Ficha 3.3 Objetivos

Ficha 3.1

Dimensiones y roles de mi vida

Aquí tienes algunas cuestiones fundamentales de las que pensar sobre distintas dimensiones y roles de tu vida.

Carrera

Una carrera es el trabajo realizado a lo largo del tiempo. No todos los clientes lo entienden así. Algunos realizan diferentes trabajos sin un denominador común.

• ¿Qué hago?:

• ¿Qué opino de mi trabajo?:

• ¿Qué interés persigo con mi trabajo?:

• ¿Qué he hecho para proteger mi carrera?:

• ¿Qué estoy haciendo para desarrollarla?:

• ¿Me siente atascado?:

• ¿Lamento algo?:

• ¿Me proporciona mi trabajo los ingresos que necesito?

Relaciones

• ¿Qué clase de relaciones tengo?:

• ¿Estoy casado? ¿Tengo familia?:

• ¿Tengo muchos amigos íntimos? ¿Con quién me siento más unido?:

• ¿Me siento feliz con mis relaciones?

Salud y energía

• ¿Qué tal estoy de salud?:

• ¿Realizo alguna actividad física de manera regular?

• ¿Qué hago para mantener la salud?:

- ¿Me preocupa mi salud?:

- ¿Me siento bien?:

- ¿Qué tal está mi nivel de energía?:

Situación financiera

- ¿Qué opino del dinero?:

- ¿Me siento satisfecho con lo que gano?:

- ¿Tengo suficientes ahorros para afrontar alguna crisis inesperada?:

- ¿Cómo me ocupo de mi seguridad financiera?:

Objetivos y valores

- ¿Qué quiero de la vida?:

- ¿Qué es lo que me importa?:

- ¿Qué estoy haciendo para alcanzar mis objetivos?:

- ¿Por qué hago lo que hago?:

Compromiso con el desarrollo personal, con el equilibrio vital y con el desarrollo espiritual

- ¿Qué clase de vida espiritual tengo?:

Ocio y otros intereses

- ¿Qué aficiones tengo? ¿Qué me gusta hacer para relajarme?:

- ¿Qué leo?:

- ¿Son mis aficiones compartidas o solitarias?:

Ficha 3.2

La Escala de la Vida

Las escalas de la vida constituyen una herramienta para evaluar mi posición presente y mi equilibrio vital. Las escalas son 8 y representan el equilibrio. Indica tu nivel de satisfacción del 1 al 10 en cada una de las escalas.

• Entorno físico (lo que le rodea y sus posesiones):

• Salud:

• Carrera:

• Relaciones:

• Amor:

• Autodesarrollo:

• Finanzas:

• Ocio y diversión:

*Responde a estas cuestiones de las escalas con un número que mida tu grado de satisfacción en el momento presente. Nada de valores absolutos, sólo satisfacción. Te sugiero realizar la escala de la vida una vez a la semana.

Evaluación de la Escala de la Vida

Lea las respuestas que haya dado en el Perfil y tu Escala de la Vida. Tómate el tiempo suficiente para pensar en lo que escribiste.

• ¿Qué perfil de ti es lo que surge?

Con esa imagen en mente, es el momento de responder a algunas preguntas más:

• ¿Qué áreas de mi vida tengo más controladas?:

- ¿En qué áreas de mi vida aparezco más satisfecho o contento?:

- ¿En qué áreas me parece que estoy luchando?:

- ¿Hay zonas que aparecen no realizadas?

Ficha 3.3

Objetivos

Después de evaluar y reflexionar sobre los aspectos de su estilo de vida, el paso final en este proceso preliminar de auto-evaluación será la identificación de objetivos.

Seleccione los objetivos (no más de tres) basados en los cambios que desee, que le ayudarán a lograr el equilibrio y alinear sus acciones con sus valores.

¿Cuáles son algunas áreas clave en mi vida que deseo mejorar?

(¿Salud? ¿Finanzas? ¿Desarrollo Profesional? ¿Vida hogareña? ¿La vida social? ¿La vida espiritual?)

¿Cuáles son mis dos o tres metas a corto plazo?

• ¿Dónde quiero estar en 6 meses?

Objetivo 1

Objetivo 2

Objetivo 3

• ¿Qué es lo que haré todos los días para llegar allí?:

• ¿Qué cosas me tengo que poner a trabajar ahora?:

¿Cuáles son mis objetivos a largo plazo?

• ¿Qué quiero conseguir dentro de 10 años?

• ¿Qué es lo que quiero contemplar en retrospectiva?

Objetivo 1

Objetivo 2

Objetivo 3

¿Cómo reflejan mis metas, mis valores?:

¿Qué cambios tengo que hacer para vivir de acuerdo con mis valores?

4. CUARTA SEMANA
ORGANIZACIÓN Y PLANIFICACIÓN

"Tan a destiempo llega el que va demasiado deprisa como el que se retrasa demasiado"

William Shakespeare

Debido a sus dificultades atencionales, una administración deficiente del tiempo y habilidades organizacionales caóticas pueden ser particularmente prominentes para las personas con TDAH. Estos problemas pueden hacerse más marcados en la vida adulta.

El eje de este capítulo es mejorar el manejo de tareas múltiples. Es importante que recuerdes que **la práctica es imprescindible**.

La habilidad para organizar y priorizar constituye un desafío particular para las personas que tienden a revolotear como mariposas de una tarea a otra, en especial cuando una actividad es trivial o cuando se sienten atraídos hacia una tarea que parece ser más importante.

Las tareas inconclusas son una fuente de frustración y dejan al individuo con un sentimiento de fracaso. Las personas con TDAH responden bien a una estructura impuesta, particularmente en términos de una programación de horarios.

METAS DEL CAPÍTULO 4

- Mostrar la utilización de la agenda y la lista de tareas

- Entrenar nuevas estrategias para mejorar el manejo de múltiples tareas

- Entrenar estrategias para priorizar

La agenda y la libreta

Los jóvenes y adultos con el TDAH con frecuencia tienen dificultades con la planificación del tiempo. Estas dificultades son un ejemplo de cómo los síntomas del TDAH afectan las funciones ejecutivas del cerebro.

Las funciones ejecutivas pueden describirse como los procesos mentales que regulan y manejan las actividades de aprendizaje y la conducta dirigidas a meta. Así como el director de una orquesta guía y dirige a la orquesta, las funciones ejecutivas guían y dirigen los pensamientos y las acciones de la persona.

Las personas con el TDAH tienen dificultades con las funciones ejecutivas y, como resultado, con frecuencia tienen habilidades pobres para el manejo del tiempo y pueden ser incapaces de cumplir con sus responsabilidades en el trabajo y en el hogar.

En este capítulo se plantea la utilidad de utilizar un reloj, una agenda y una libreta para mejorar tus habilidades de organización y planificación.

El reloj

Aunque la necesidad de llevar un reloj puede parecer obvia, te aconsejo llevar siempre un reloj de pulsera con cronómetro, así como tener relojes visibles en tu lugar de trabajo, habitación, etc. El reloj con cronómetro te servirá para ejercicios que veremos en otros capítulos.

La agenda

Tener un buen sistema de agenda y lista de tareas es necesario (pero no suficiente) para poder llegar a ser organizado/a.

Con agenda nos referimos ya sea a un planificador de lápiz y papel de papel o a la agenda del teléfono móvil.

Cuando compres la agenda y la libreta, revisa los siguientes puntos:

¿Dónde los guardarás?

¿Cómo conseguirás acordarte cada día de utilizarlas?

¿Cómo te acordarás cada día de revisar la lista de tareas? (se ha visto que elegir un determinado momento del día es la mejor opción, por ejemplo, *después de dar de comer al perro, después de lavarte los dientes, mientras desayunas, etc.*).

Recuerda, sólo por tener una lista de tareas, no significa que vayas a hacer todos los ítems de la lista inmediatamente. Es una herramienta sencilla que te va a ayudar a ser más organizado/a y a evitar olvidarte de cosas que has escrito.

El aparentemente sencillo instrumento de la agenda es uno de los inventos prácticos para vivir en la sociedad actual, que nos obliga a ir programados con citas y gestiones que no se pueden olvidar y cuyo temor a que puedan olvidarse, estresa aún más.

Las funciones ejecutivas, (procesos mentales que dirigen las acciones dirigidas a metas), detestan recordar obligaciones, y más vivir en preocupación por ello.

Tener una agenda implica tener solo una preocupación, abrirla todos los días, leer lo que pone y actuar de acuerdo a ello. Poderoso, sencillo y económico. Escríbelo todo en ella. No te traicionará. Una vez que la abras recordarás lo que has elegido anotar.

Ahora, esto no es tan fácil como parece, el uso de una agenda es algo que hay que entrenar:

- te olvidas de usarla

- no te apetece usarla

- a veces entre pensar algo y anotarlo, ya se ha olvidado.

- anotas cosas que luego no haces.

- escribes en ellas con letra tan rápida, "para no perder la idea", que luego al leer no entiendes.

- escribes más cosas por hacer, que las que de manera realista se pueden hacer.

El sistema de gestión del tiempo de este capítulo se basa en el mismo principio que los reintegros que se efectúan directamente en una cuenta bancaria.

Preverás las citas y obligaciones que se producen semanalmente y así se podrás atenderlas automáticamente. Esto deja libre el resto del tiempo del que dispones y te permite emplearlo en la actividad que se desees.

En primer lugar debes efectuar una lista con las tareas habituales, las obligaciones y las visitas que se tienen a cada semana, en definitiva; con todos los "gastos fijos". Entonces confeccionarás el horario en el calendario o en la agenda y anotarás cada una de las obligaciones en las distintas casillas.

Ejemplos:

- recoger la ropa la ropa de la tintorería cada jueves por la tarde a las 16: 30;

- hacer ejercicio lunes, miércoles y viernes a las 7 de la mañana;

- ir al banco (o usar Internet para hacerlo) los lunes y los jueves al mediodía;

- asistir al terapeuta los martes a las 6 de la tarde.

Es notable la cantidad de energía mental que puedes consumir si no existe una planificación, de las tareas diarias.

La libreta

Junto con disponer de una agenda para anotar las actividades que pretendes realizar en un determinado momento, a menudo tienes tareas pendientes de las que desconoces la fecha exacta en las que las llevaras a cabo. A modo de organizar mejor las actividades te recomendamos utilizar una libreta en la que anotes las tareas pendientes sin fecha fija. Además te servirá para anotar las ideas peregrinas que se cruzan por tu cabeza y será necesaria para practicar otras estrategias que se irán explicando posteriormente en este libro.

Algunas reglas del uso de una agenda y la libreta.

1. Selecciona una agenda y una libreta como únicos instrumentos de planificación.

2. Identifica un lugar único y accesible para guardar tu agenda y libreta.

3. Introduce la información básica en la agenda.

4. Lleva la agenda a diario contigo en todo momento.

5. Revisa tu agenda diario con regularidad.

6. Usa la agenda como un calendario para todo.

7. Usa una libreta como un "depósito de ideas"

8. Construye una lista diaria de "cosas para hacer" en tu libreta y refiérete a ella frecuentemente.

9. Coloca en orden de prioridad tu lista de "cosas para hacer" en la agenda y actúa.

10. Realiza una sesión diaria de planificación.

<u>Asegúrate de planificar una estrategia para revisarlas ¡CADA DÍA!</u>

En la lista de tareas y la agenda, a menudo necesitas manejar múltiples tareas a la vez. Cuando se tiene TDAH, puede resultar difícil decidir qué tarea es más importante.

Incluso una vez que has decidido que una tarea concreta es importante, a menudo resulta difícil mantenerte en ella hasta que se haya finalizado.

En el siguiente ejercicio, aprenderás una estrategia concreta para decidir qué tareas son más importantes. Esta técnica es un ejemplo sobre cómo uno se puede forzar a organizarse.

Priorización

El breve ejercicio mental a continuación está diseñado para clarificar las cosas que para ti son importantes y están alineadas con tus valores:

Imagínate asistiendo a tu propio funeral, dentro de tres años.

Hay cuatro personas que hablaran sobre ti:

- Una de tu familia cercana,

- Una de tus amigos,

- Una de tu trabajo o profesión,

- Una de tu organización comunitaria; iglesia, club deportivo etc.

¿Qué desearías que dijeran sobre tu carácter, sobre tus aportes, sobre tus logros?

Tu propia respuesta puede tocar valores profundos y fundamentales y te ayudará a centrarte sobre una serie de valores y propósitos.

Observa lo que haces en tu día a día, en las pequeñas cosas, en los más insignificantes aspectos de tu vida, no en lo que tendrá un impacto global, sino más bien en lo que decides a cada momento.

Observa eso y decide si es o no congruente con que dices que es importante.

Cuando tienes que enfrentarte con un número de tareas que debes hacer, es muy importante tener una estrategia para priorizar qué tareas son más importantes para así asegurarte de que finalizas antes las que son más prioritarias.

La mejor manera que se conoce para conseguirlo es puntuar cada tarea.

Se ha observado que las personas tienden a hacer primero las tareas más fáciles pero no necesariamente los más importantes. Esto puede acarrear problemas. Al hacer esto, puedes tener la sensación de que completas las tareas, pero ello no te permite progresar en tus objetivos importantes.

Clasificación

Utiliza las puntuaciones **"U", "I" y "N".** Se ha observado que esto funciona mejor haciendo primero una lista de todas las tareas y asignando después una puntuación a cada una de ellas.

Tareas "U", Urgentes: estas son las tareas de mayor premura. Esto significa que las deberás completar a corto plazo. Ejemplos:

- Vencimiento de pagos
- Crisis

- Fecha límite de la entrega de un informe o pedido
- Fin de plazo para hacer trámite o solicitud relevante

Tareas "I", Importantes: estas tareas son de menor urgencia, pero muy relevantes para nuestra calidad de vida. Ejemplos:

- Ejercicio
- Tareas domésticas
- Construir relaciones
- Planificación
- Reconocer oportunidades
- Pasar tiempo de calidad con la familia o amigos
- Espacios de ocio y reflexión
- Escribir y revisar la agenda

En general las cosas Importantes son las que están alineadas con nuestros valores, es decir lo que consideramos significativo o importante.

Tareas "N", Ni urgentes Ni importantes; Las tareas de menor importancia aunque muchas veces pueden ser más atractivas y fáciles, pero no son tan importantes como las tareas con puntuaciones más elevadas. Ejemplos:

- Actividades agradables
- Llamadas o interrupciones mientras realizo una tarea urgente y/o importante.
- Navegar en exceso por Internet
- Leer e-mails chatarra o spam.
- Programas de televisión intrascendentes.
- Ir al centro comercial porque termina el período de rebajas (aunque no necesitemos nada).
- Reuniones con gente que no interesan ni aportan

Como en ninguna época en la historia de la humanidad somos empujados por imanes de la atención que nos roban energía y tiempo, estos magnetos nos succionan a través de las portadas de las revistas, las llamadas telefónicas comerciales, la última noticia o novedad que dan en televisión, navegar a la deriva por Internet. Incluso cuando uno compra un diario, se le caen los panfletos publicitarios que llevan adentro, ¡para obligarnos recogerlos y verlos!

En este capítulo, deberás generar una lista de tareas y comentar las puntuaciones para cada una. ¡Ten cuidado de no puntuar demasiadas tareas como **Urgentes**!

Utilización de la técnica

Ahora ya puedes añadir esta técnica a tu "caja de herramientas" de habilidades que estás desarrollando para superar los síntomas de TDAH.

Además de hacer cada día una lista de tareas o cosas-a-hacer, a partir de ahora deberás asignar una puntuación de **"U", "I" o "N"** a cada una de las tareas.

¡Deberías hacer *todas* las tareas "U" antes de empezar a hacer *alguna* de las "I"!

Esto puede resultar duro, pero ¡es muy importante! Te ayudará a asegurarte de que has completado las tareas que son más urgentes para ti, para luego concentrarte en las que son importantes.

Reflexionar acerca de nosotros mismos y de nuestro trabajo es una de las reglas de oro para saber organizar el tiempo. **Mucha actividad no es necesariamente sinónimo de Resultados.**

Es frecuente que sumergidos en el agobio total nos preocupemos más de lo urgente que de lo importante. La clave está en la perspectiva. La visión del problema cambia considerablemente si lo observamos desde una cierta distancia, que si estamos inmersos en él.

Conviene ayudarse fijando estrategias y objetivos a largo plazo que marquen el camino del que no conviene desviarse.

Por último: **Utiliza esta técnica cada día.** Haz una nueva lista cuando la antigua resulte demasiado desordenada o confusa como para leerla con facilidad.

OBSTÁCULOS POTENCIALES

Puede que estés sintiendo que se te está pidiendo que hagas demasiadas cosas.

¡No te desanimes!

Estás intentando aprender nuevas habilidades, y requerirá cierto tiempo hasta que éstas sean hábitos.

A medida que te vas acostumbrando a escribir tu lista de tareas o cosas-a-hacer, aprenderás mejor cómo establecer objetivos realistas sobre tus expectativas de qué hacer en un día.

En este punto, si te parece que no finalizas las tareas previstas para ese día, vuélvalas a puntuar para el día siguiente. En sesiones posteriores, quizá querrás resolver el problema si ves que se mantiene constante el hecho de no completar las tareas importantes que tenías en tu lista.

Recuerda, en este punto, estás intentando únicamente establecer el hábito de utilizar la lista de tareas.

Tarea de refuerzo

Si deseas comprender, ¡haz!

- Utilizar la libreta cada día para mantener la lista de tareas o cosas-a-hacer.

- Revisar y utilizar la lista de tareas y la agenda ¡CADA DÍA!

- Puntar cada tarea como "U", "I", o "N".

- Practicar el hecho de hacer todas las tareas "U" antes que las "I", y todas las tareas "I" antes que las "N" (por este motivo deberían haber menos tareas "U" que tareas "I" o "N").

Te hemos preparado un ejemplo de una lista de tareas (Ficha 4.1). Valora si te gusta este formato para tu propia lista.

Ficha 4.1

LISTA DE TAREAS

U: urgente

I: importante

N: ni importante ni urgente

Prioridad	Tarea	Puesto en la lista con fecha	Fecha de finalización

5. QUINTA SEMANA
SOLUCIÓN DE PROBLEMAS

"La mayoría de la gente gasta más tiempo y energías en esquivar los problemas que en tratar de resolverlos."

Henry Ford

Las personas con TDAH pueden tener dificultades para resolver problemas por muchas razones. Tal vez respondes de manera impulsiva, lo cual conduce a una toma de decisiones arrebatada que no te permite evaluar una situación en su totalidad. Generar opciones alternas múltiples te resulta difícil y te enfocas en, o esperas, resultados negativos.

Además, puedes preocuparte, sin necesidad, por problemas menores más inmediatos y perder de vista el panorama completo. Asimismo, las limitaciones con el control atencional pueden obstaculizar una resolución efectiva de problemas debido a la falta de concentración y a la distracción.

La finalidad de este capítulo es plantear nuevas habilidades que te permitan abordar y resolver problemas de manera más efectiva.

METAS DEL CAPÍTULO 5

- Aprender a utilizar la resolución de problemas para superar las dificultades para finalizar las tareas o la selección de una solución.

- Aprender a dividir una tarea larga en pasos más manejables.

- Identificar dificultades utilizando esta técnica.

Estrategias de Solución de Problemas

La razón por el que llamamos a los problemas "problemas" es que no hay una solución fácil a mano y habitualmente cualquier solución tiene pros y contras considerables.

Las personas con TDAH tienen dificultades para resolver problemas por varios motivos.

- Puedes responder de forma impulsiva, en vez de pensar en una solución y sus posibles resultados.

- Te preocupas por cuestiones menores y pierdes de vista el panorama completo.

- Tiendes a enfocarte en resultados negativos ya que esto es lo que esperas.

Nos concentraremos en aprender a reconocer cuándo estás teniendo dificultades para afrontar una tarea o la tarea se vuelve abrumadora. Cómo no es fácil decidir por dónde empezar, lo que se suele hacer, es aplazarla.

Una vez que hayas identificado que hay un problema, podrás utilizar la estrategia de solución de problemas y las habilidades que te vamos a enseñar es este capítulo para clarificarlo.

Habilidades claves en la resolución de problemas

Las habilidades claves en la resolución de problemas son:

1. Identificar y definir el problema

2. Selección de un plan de acción

3. Desglosar una tarea abrumadora en pequeños pasos más manejables

1. Identificar y definir el problema

Los problemas pueden acechar a las personas con TDAH o suceder de forma inesperada. Pueden ser obstáculos externos para una meta que surge como parte de un proceso natural (p. ej., no puedes comprar materiales para completar una tarea porque están agotados); pueden ser el resultado de acciones tanto positivas como negativas (p. ej., un compañero de trabajo se ausentará por enfermedad y tú tienes que hacer su trabajo) o de la interferencia de los demás; también pueden ser acciones autogeneradas y construirse por la culpa (p. ej., "mi jefe me tiene manía", "estoy solo en las reuniones").

Sin embargo, puedes necesitar cierto impulso y ayuda para dilucidar poco a poco el problema en cuestión. Esto se puede lograr si se formulan cuatro preguntas principales para determinar si tienes un problema "solucionable" o preocupaciones y ansiedades más generales.

Las preguntas ayudarán a determinar si el problema en realidad necesita abordarse.

1. ¿Por qué es un problema?

2. ¿Cómo afecta?

3. ¿La situación tiene potencial de cambio?

4. ¿Qué pasaría si no se resuelve?

Por ejemplo, tómese el caso de Pepe, una persona con TDAH. Pepe empezó una nueva amistad y no sabía si decirle a su amigo, Juan, que tenía TDAH.

1 ¿Por qué era un problema? Pepe tenía que tomar medicamentos con frecuencia cuando estaba con Juan y lo hacía en secreto.

2. ¿Cómo lo afectó? Pepe se preocupaba por cómo reaccionaría Juan si se enteraba.

3. ¿La situación tenía potencial de cambio? Si Juan se enteraba que Pepe tenía TDAH y no era un problema para él, Pepe se sentiría muy aliviado. Pepe pensaba que tendrían cimientos más firmes y honestos sobre los cuales construir la amistad. La desventaja era que Juan podía rechazarlo.

4. ¿Qué habría pasado si el problema no se resolvía? La amistad no tendría bases abiertas ni honestas. Si Juan se enteraba por alguien más, podría enojarse con Pepe y sentir que no podía confiar en él.

Así, parte del proceso de solución de problemas es la investigación. Saber tanto como sea posible acerca del problema y cómo ha surgido, te brindará los conocimientos para encontrar la solución apropiada, así como la autoconfianza para implementarlo.

Esto implica no sólo recopilar datos relacionados con la tarea misma sino también examinar la información personal, por ejemplo, las autoexpectativas y exigencias.

Por ello, si una persona establece metas poco realistas e inalcanzables, entonces el problema no es la incapacidad para alcanzar las metas establecidas, sino la incapacidad para reconocer de forma realista sus capacidades y habilidades, sus problemas de administración del tiempo, su actitud perfeccionista, etc. Se pueden formular tres preguntas para ayudar a entender el problema:

1. ¿Cuál es el problema o la situación?

2. ¿Qué quiero?

3. ¿Cuáles son los obstáculos para entender lo que quiero?

2. Selección de un plan de acción

Desarrollar un plan de acción puede ayudar cuando es difícil determinar cómo resolver un problema o cuando la posibilidad de numerosas soluciones se hace abrumadora.

Seleccionar un plan de acción incluye 5 pasos:

1. Expresión clara del problema

Describe el problema en el mínimo de palabras posibles – una o dos frases como máximo. Algunos ejemplos pueden ser "No puedo decidir cuando debería dejar mi trabajo" o "No puedo decidir qué hacer con un compañero de trabajo al que no soporto" "Le digo o no a un amigo que tengo TDAH".

2. Hacer una lista con todas las soluciones posibles

Describe todas las soluciones que se te ocurran, sin tener en cuenta si éstas son posibles, cuáles serían las consecuencias o si suenan peculiares o extraordinarias. La idea es generar una lista con el máximo de soluciones posibles.

3. Hacer una lista con los pros y contras de cada posible solución

Momento para valorar de manera realista cada solución. Reflexionar sobre qué pasaría realmente si esa fuera la solución seleccionada. Para organizar mejor este razonamiento, es conveniente elaborar una lista de los pros (ventajas) y contras (inconvenientes). Las ponderaciones pueden hacerse de acuerdo con la importancia de cada "pro" y "contra"; pueden depender de la probabilidad de lograr la meta, el bienestar emocional, el tiempo y el esfuerzo.

4. Calificar cada solución

Valorar los pros y contras de cada solución con una puntuación de 0 a 10. Esto lo debes hacer de la forma más objetiva posible.

5. Implementar la mejor opción

Ahora que has valorado cada opción en una escala de 0 a 10, revisa cada puntuación. Empieza por la que tiene la puntuación más alta. Decide si ésta es realmente la solución que deberías elegir. Si es necesario, utiliza otras habilidades que hayas aprendido en este programa - organización y planificación, listas de cosas-a-hacer o agenda para implementarla.

3. Dividir una tarea en pasos manejables

Si una tarea parece dura, será mucho más viable que se deje para más tarde y ni intentemos empezarla.

El aprendizaje de separar las tareas largas en pequeños pasos, más manejables, incrementará las probabilidades de empezar y, por lo tanto, con el tiempo, finalizar tareas importantes. Estos son los pasos para desglosar tareas largas en pasos más manejables:

1. Elegir una tarea difícil o compleja (por ejemplo una de las soluciones del ejercicio anterior)

2. Hacer una lista de los pasos que debe completar

Puedes hacer esto utilizando tarjetas u hojas en blanco. Hazte preguntas como **"¿Cuál es la primera cosa que necesito hacer para que esto ocurra?"**

3. Para cada paso, asegúrate de que es factible

Pregúntate a ti mismo, **"¿Esto es algo que realmente yo puedo hacer en un día?"** o **"¿Esto es algo que voy a posponer?"**. Si el paso en sí mismo es abrumador, desglósalo en pasos más pequeños. No te preocupes por el hecho de tener más pasos.

4. Incluir en la lista diaria de cosas-a-hacer cada paso individual.

¡Piensa que es como describir una receta de cocina!

No se nos ocurriría enseñar alguien a hacer un pastel diciéndole que es muy fácil y que basta empezar por comprar los ingredientes y por fin, ¡sacarlo del molde!

Además, tomar decisiones intermedias e ir dando pequeños pasos posibilita corregir más fácilmente pasos equivocados sin echar a perder el recorrido ya hecho.

OBSTÁCULOS POTENCIALES

Puede que la distracción interfiera con tu capacidad para utilizar estas habilidades. ¡No te desesperes! Aprenderás habilidades para afrontar la distracción en un capítulo más adelante. Es importante centrarte en una serie de habilidades cada vez para que vayas progresando. Intenta centrarte en las habilidades de organización tanto cuanto puedas, y no te preocupes sobre aspectos que todavía no has aprendido.

Además, puede que encuentres dificultades para describir los pros y los contras, y para definir los pasos a seguir para terminar cada tarea.

Recuerda, cada habilidad nueva requerirá mucha práctica antes de que se vuelva natural para ti.

Lo más importante es que estás intentando aprender nuevas habilidades para poder organizarte de forma más efectiva. ¡Continúa intentándolo! Va a ser más fácil a medida que te habitúas a utilizar las nuevas habilidades.

Una vez más, la utilización de la agenda y el sistema de lista de tareas son decisivos para la aplicación de estas nuevas habilidades. Así que, si todavía no has empezado a utilizarlos, *¡es hora de que te decidas y pruebas de hacerlo!*

Tarea de refuerzo

Si deseas comprender, ¡haz!

- Piensa en un problema que tienes y practicar el uso de la estrategia de resolución de problemas. Identifica bien el problema y elige un plan de acción.

- Practicar la división de tareas largas en pasos más pequeños.

- Considerar las dificultades que puedas anticipar como posibles interferencias para completar las tareas para casa.

- Seguir utilizando la agenda y la lista de tareas.

- Leer y usar la ficha 5.1

Ficha 5.1

PLAN DE ACCIÓN

Descripción del problema:

Instrucciones:

1. Haz una lista de posibles soluciones que se te ocurran. Inclúyelas aunque piensas que no tienen sentido o que tu no las harías. Lo importante es que aparezca el MÁXIMO número de soluciones.

2. Haz una lista de los pros y contras de cada solución

3. Después de haber hecho la lista de pros y contras para cada solución, valora las soluciones, revisa la lista completa y establece una puntuación para cada solución.

4. Implementa la solución elegida

5. Evalúa el éxito

6. SEXTA SEMANA
MODIFICACIÓN DEL ENTORNO
FÍSICO

"No vemos las cosas tal como son, sino tal como somos"

Anaïs Nin

Uno de los problemas distintivos de los adultos con TDAH son los problemas atencionales. A los adultos con TDAH les es difícil ver los detalles, son descuidados, cometen errores al leer o al llenar formularios, les cuesta enfocarse en una conversación o tarea cuando hay ruido de fondo. A muchos adultos con TDAH les cuesta hacer dos cosas a la vez, se estancan en una tarea o tema y les es difícil cambiar el curso de la acción, empiezan distintas tareas pero no las terminan por qué les es difícil reanudar la tarea original. A los adultos con TDAH les es fácil perder la continuidad de una conversación, película, libro, a causa de pensamientos propios o de cosas que suceden a su alrededor y que se interponen entre ellos y lo que tienen que hacer.

En este capítulo se pretende que aprendas a modificar tu entorno de manera de disminuir los estímulos que te distraen y aprender a crear y utilizar avisos o señales recordatorias para centrarte en la tarea que estés realizando.

Aprenderás a disminuir el número de distracciones en tu ambiente y a generar la situación que más promueva la concentración. Para tal, aprenderás varias habilidades que te permitirán ir verificando si te distraes. Esto te permitirá retomar tu atención en la tarea o proyecto que tienes entre manos, en caso de que te distraigas.

METAS DEL CAPÍTULO 6

- Aprender a reducir el número de distractores externos.

- Aprender a verificar si te está distrayendo y aprender a retomar la atención en la tarea que estás realizando.

- Identificar ejercicios para practicar por ti mismo y prever las dificultades que pueden surgir en la utilización de estas estrategias.

Control del entorno del trabajo

Para las personas con TDAH, es importante trabajar en un entorno con pocos estímulos que lo distraigan. Aunque se utilicen las habilidades de aplazamiento de la distracción, la mayoría de las personas se distrae cuando intenta concentrarse. A veces estas distracciones interfieren de tal manera que la persona es incapaz de terminar lo que tiene que hacer.

Piensa en el ambiente en que trabajas, estudias o haces trámites domésticos (por ejemplo, organizar y pagar las facturas) Pregúntate a ti mismo **"¿Cuáles son las cosas que más me distraen de mi trabajo?"**

Éstos son algunos ejemplos de las distracciones más frecuentes:

- cuando suena el teléfono

- navegar en internet, "chatear", juegos "on-line"

- contestar a correos electrónicos o mensajes instantáneos

- fijar la atención en otras cosas que están en la mesa de trabajo

- escuchar la radio o mirar la televisión

- conversar con quien esté o entre a la habitación donde estás trabajando

- mirar por la ventana lo que está pasando a fuera.

Usar las estrategias de reducción de la distracción te ayudará a desarrollar un plan para reducir esas distracciones que son problemáticas.

Piensa ahora en tu caso: **¿Cuáles son las cosas que típicamente surgen y te impiden terminar un proyecto o tarea?**

Para cada una de esas distracciones, hay que encontrar una estrategia que reduzca tu susceptibilidad a que te distraigan. Por ejemplo, puedes:

- desconectar el teléfono móvil

- evitar los ruidos de la calle

- desconectarte de internet o/y cerrar tu correo electrónico (hay aplicaciones que bloquean el acceso a Internet durante ciertas horas del día que tu eliges)

- apagar el aviso sonoro cuando recibe un nuevo mensaje

- despejar la mesa de trabajo

- apagar la radio y la televisión

- pedir a los demás que no te interrumpan mientras trabajas

- alejar la mesa de trabajo de la ventana.

Es fundamental que encuentres un espacio en tu casa donde puedas realizar las tareas importantes sin distraerte. Este debería ser un sitio que lo definas como un lugar de trabajo: puede ser tu mesa de trabajo, una mesa de apoyo, o cualquier otro "local de trabajo". Lo más importante es que elijas un espacio y hagas de él *tu* **espacio de trabajo.**

Guardar los objetos más importantes

Organizarse y mantener organizado el entorno es realmente un reto para muchos jóvenes y adultos con TDAH. La tarea requiere ser capaz de prestar atención a una gran cantidad de detalles y persistir en la tarea hasta que la haya completado. Una persona con TDAH tienen dificultades con estas funciones mentales y, como resultado, con frecuencia tienen dificultad con la organización

Para organizar una habitación es recomendable hacer un plan de acción los siguientes elementos:

- planificar un sistema de categorías para organizar los objetos en la habitación

- clasificar los objetos apropiadamente en las categorías

- poner los objetos de cada categoría en envases apropiados

- colocar los envases en la ubicación designada y

- remover o eliminar objetos.

Uno de los síntomas principales del TDAH es perder objetos importantes, o no saber donde están, y puede suponer un problema porque a menudo conlleva a retrasos y aumenta los sentimientos de frustración.

Piensa en las dificultades que tienes para saber donde tienes objetos importantes, como **el teléfono, las llaves, la cartera, la agenda, el cuaderno de apuntes.** Además, son cosas que necesitas llevarte cada vez que sales de casa.

Elige un sitio concreto para guardar/dejar estos objetos. Algunas personas tienen un **cesto o una bandeja cerca de la puerta** y dejan ahí estos objetos cada vez que entran en casa. Colocan un **portallaves en la pared** para colgar todas las llaves. Se aconseja colocar todos los objetos importantes en un mismo sitio, pero, si necesitas elegir diferentes sitios, es fundamental ¡que sean siempre los mismos!

Al tener un sitio específico donde siempre guardarás estos objetos, podrás localizarlos fácilmente cuando los necesites. Este es un nuevo hábito, como tal, ¡implementarlo implica trabajo! El objetivo es nunca dejar las llaves u otros objetos importantes en cualquier otro sitio que no *su* sitio. ¡Nunca!

El éxito de esta técnica puede pasar por la implicación de otros familiares o personas con quien conviva.

Podrás explicarles donde deberá estar cada cosa y pedirles que también ellos las guarden ahí. Además, pedirles que te hagan notar cuando alguna cosa está fuera de su sitio. ¡Ten en cuenta que no tendrás que enfadarte con ellos cuando estos te llamen la atención!

Siempre que veas que uno de estos objetos no está en su sitio, colócalo inmediatamente donde le corresponde. ¡Es difícil, pero muy útil!

Utilización de avisos o señales recordatorias

Imagina tener a alguien siguiéndote y recordándote constantemente todas las estrategias que hemos estado hablando.

Seguramente, el hecho de tener esta persona detrás de ti aumentaría el uso de esas habilidades. ¡Nunca te olvidarías!

Muchas de estas habilidades requieren un recuerdo activo para que se concreticen.

No obstante, con mucha práctica, se convertirán en hábitos y probablemente no tendrás que hacer el esfuerzo de acordarte de hacerlas, porque te saldrán naturalmente.

Como para la mayoría de las personas un entrenador o coach personal 24 horas no es factible, te recomendamos un recurso bastante más económico que ayudará a acordarte de aplicarlas: pegatinas de colores. Se han demostrado bastante efectivas para las personas que tienen más desarrollado el canal visual.

Puedes colocar estas pegatinas en las cosas que suelen distraerte, como sea, el teléfono, el ordenador, la radio, la ventana o la nevera. Debes colocarlas donde sean fácilmente visibles para ti.

Cada vez que ves ese aviso, deberás cuestionarte a ti mismo lo siguiente:

"¿Estoy haciendo lo que debería hacer o me estoy distrayendo?",

"¿Estoy, ahora mismo, utilizando mis habilidades para manejar el TDAH?".

Si te das cuenta de que te has distraído, deberás volver inmediatamente a la tarea que estabas realizando.

Utilización de Alarmas

Utilizar una alarma te puede ayudar a verificar, regularmente, si estás o no siguiendo con determinada tarea. Puedes utilizar una alarma de un despertador, de tu reloj, de la agenda electrónica, del ordenador o del teléfono móvil.

Programa la alarma para que suene en intervalos de tiempo regulares. Se recomienda que programes la alarma para que suene cada media hora, especialmente en períodos que quieras ser productivo.

Cuándo la alarma suene, pregúntate a ti mismo, *"¿Estoy haciendo lo que se supone que debería hacer, o me he distraído?"*. Tal como se había comentado antes, si te das cuenta de que te estás distrayendo, retoma inmediatamente la tarea que estás realizando.

OBSTÁCULOS POTENCIALES

Es fácil, y comprensible, que te sientas frustrado si estas estrategias no acaban de funcionar.

Acuérdate de que estás intentando cambiar comportamientos muy arraigados. Hace falta practicar mucho antes que estos nuevos hábitos ocurran con naturalidad. ¡No desanimes! Aunque en un comienzo parezca que estas habilidades no funcionan, intenta mantenerlas.

Te sentirás recompensado cuando constatas que ya eres menos susceptible a la distracción y te sentirás mas realizado.

Puedes tener la sensación de que todo es muy forzado, muy estructurado y programado, pero es solo el comienzo. A medida que las vayas asimilando, ¡estas habilidades serán nuevos hábitos y, como las "viejas costumbres", no supondrán demasiado esfuerzo!

Tarea de refuerzo

Si deseas comprender, ¡haz¡

- Revisa cada día tu libreta con la lista de cosas-a-hacer.

- Clasifica cada tarea con prioridades "I", "U" y "N". Practica hacer todas las tareas "U" antes de las "I" y todas las "I" antes de las "N".

- Hacer los ejercicios de las fichas 6.1 y 6.2.

- Empieza a colocar los objetos importantes en sitios específicos.

- Utiliza pegatinas de colores para darte cuenta si te distraes.

- Utiliza la alarma para verificar si no te estás distrayendo.

Ficha 6.1

¿Cómo ordenar y limpiar el escritorio?

Como ya sabrás cierto orden en el escritorio nos permite trabajar mucho mejor.

A continuación nosotros te enseñamos a tratar los documentos.

La mejor recomendación que podemos darte es saber que la belleza de la organización es la simpleza. Mientras mantengas tu espacio simple verás que será más sencillo mantenerlo en orden.

1 - Los papeles son los primeros a los que tienes que quitar de tu escritorio. La mejor forma de hacerlo es darles un lugar estable sobre la mesa.

2 - Si tienes papeles que no te ayudan a cumplir tu trabajo lo mejor que puedes hacer es clasificarlos, la mejor forma es otorgándole un título y después archivarlos.

3 - Si tienes papeles que no se relacionan con tu trabajo, lo mejor que puedes hacer es tirarlos o dárselos a la persona que los necesita.

4- Si tienes documentos que requieren de una larga lectura, te recomiendo que los separes de los demás.

5 - Si no sabes que puedes tirar y que no, lo mejor que puedes hacer es ponerte a pensar en que sucedería si lo tiras, si te sirve archívalo.

Ficha 6.2

¿Cómo ordenar y limpiar la habitación?

Comienza por la ropa en un solo lugar, luego las cosas que tengan que ver con estudio, luego los adornos, y por último la cama.

1. Un lugar para cada cosa y cada cosa en su lugar.

2. Saca todo del armario...cuelga en perchas pantalones y camisas.

3. En estanterías o cajones camisetas, ropa interior, etc. y en un zapatero el calzado.

4. Las estanterías de libros son para eso, libros. Vacíalas, pasa un paño humedecido en cualquier producto de limpieza de muebles y coloca los libros y si tienes algún objeto de decoración, pues también.

5. Papeles y cosas pequeñas que quieras guardar, en carpetas y dentro de cajones.

6. La habitación parece mucho más ordenada cuando la cama está hecha y el calzado y ropa en el armario en lugar de tenerlo tirado por ahí.

7. Eso sí, procura tener el interior del armario ordenado...¡así encuentras más fácilmente la ropa!

8. Luego pasa un aspirador por el suelo y una fregona con un poco de detergente para suelos y ya está.

7. SÉPTIMA SEMANA
ATENCIÓN MANTENIDA

"Nunca es demasiado tarde para ser quien querrías haber sido"

George Eliot (pseudónimo de Mary Ann Evans)

Las personas con TDAH se quejan a menudo de que son incapaces de completar tareas porque otras cosas menos importantes o distracciones se meten en su camino.

A los adultos con déficit de atención les es difícil mantener el grado de control atencional y se distraen con facilidad de la tarea que tienen entre manos. Para los adultos con déficit de atención, las dificultades para sostener la atención sean tal vez sean el problema más pronunciado.

Si una tarea es larga y además tediosa, es posible que la persona con déficit de atención abandone por completo la tarea.

Cuando la persona con TDAH enfrenta tareas triviales y monótonas responden con malestar e incomodidad, lo cual es una fuente de frustración. Estos sentimientos, junto con muchas tareas inconclusas, pueden dejar en el adulto con TDAH una sensación de fracaso y baja autoestima.

La capacidad para mantener poco tiempo la atención es una característica básica del TDAH. Esto no es sinónimo ni de baja inteligencia ni de falta de habilidades. Significa que las personas con TDAH necesitan recurrir a habilidades extra con tal de afrontar estas situaciones.

El objetivo principal de este capítulo es descubrir durante cuanto tiempo eres capaz de mantener la atención mientras realizas tareas abrumadoras y empezar a implementar el "aplazamiento de la distracción".

METAS DEL CAPÍTULO 7

- Revisar la utilización de la agenda, la lista de tareas de la libreta, y trabajo de los capítulos anteriores.

- Aprender a medir/cronometrar tu tiempo de atención y desarrollar un plan para desglosar/partir las tareas en pasos más pequeños que duren ese tiempo.

- Implementar el aplazamiento de la distracción.

- Identificar ejercicios para practicar en casa y anticipar las dificultades que puedan surgir en la utilización de estas técnicas.

Revisión del material de los capítulos anteriores

Antes de introducir nuevas técnicas, es importante que revises las habilidades vistas en los capítulos previos.

Reflexionemos, por tanto, sobre la utilización de las habilidades revisadas hasta el momento, y en los beneficios y dificultades que supone su utilización.

Habilidades revisadas:

Uso de la agenda.

¿Ya estás utilizando la agenda? ¿Con qué frecuencia la utilizas? ¿La revisas cada día? Piensa que es lo que te impide utilizar la agenda.

Libreta de la lista de cosas-a-hacer

Repasemos las dificultades que estás sintiendo para utilizar la libreta y si lo estás haciendo cada día. ¡Es importante que la mires y la utilices cada día!

Prioridad de tareas U-I-N.

Pensemos sobre las dificultades y obstáculos que te depara a la hora de establecer prioridades.

Solución de problemas y desglosar tareas complejas en pasos más inmediatos/pequeños.

¿Has podido utilizar estas estrategias en algunas tareas de tu lista de cosas por hacer?

Aplazamiento de la distracción

El aplazamiento de la distracción pasa por **medir** el tiempo que eres capaz de mantener tu atención focalizada en una tarea difícil y **dividir** las tareas en **pasos** que tarden aproximadamente ese período de tiempo.

El objetivo de este programa de entrenamiento es ayudarte a alcanzar y mantener tu mejor nivel de funcionamiento. Para tal, te enseñaremos y trabajaremos en la implementación de varias estrategias alternativas y más eficientes.

- **Tiempo de capacidad atencional**

Primero, estima el período de tiempo durante el cual puedes trabajar sin parar en una tarea aburrida o sin interés:

Para tal, elige un momento en que puedas trabajar en una tarea que te resulte aburrida o difícil o que hayas estado evitando.

1. Coge el cronómetro o un reloj.

2. Empieza a trabajar.

3. Continúa trabajando tanto tiempo como normalmente lo harías, sin descansar, ni ir al baño, ni dejar que cualquier distracción ocupe tu mente.

4. Cuando realmente no puedas seguir, para el cronómetro/reloj y mira cuanto tiempo pudiste mantenerte con la tarea.

Anota ese tiempo y repite el ejercicio a ver si es un período de tiempo consistente o no. **Éste es el tiempo de tu capacidad de atención en el punto de partida.**

Después, utiliza la estrategia de **solución de problemas** para desglosar las tareas complejas en pequeños pasos que puedes realizar dentro de tu "capacidad atencional".

Por ejemplo, si considera que puedes trabajar en una tarea durante 15 minutos, parte una tarea compleja en "sub-tareas" de 15 minutos.

¡Intenta hacer los descansos entre "sub-tareas" y nunca antes!

A medida que lo vayas practicando, podrás ir probando de aumentar la duración de ese período.

Puede que descubras que tu período atencional es muy inferior al que imaginabas o es realmente reducido. ¡No te desmotives! Aprenderás otras técnicas que te permitirán incrementar gradualmente tu capacidad de atención.

- **Aplazamiento de la distracción**

Cuándo estás trabajando en tareas aburridas, es inevitable que las distracciones invadan tu pensamiento y se transformen en poderosas tentaciones. Y cuanto más importantes son estas distracciones, más crecen.

Aquí el problema es el siguiente: ¿estas distracciones son realmente importantes o es que se van haciendo más importantes porque...?

¿Es otra tarea que no es la que elegiste hacer?

¿La tarea elegida no te resulta atractiva?

¿Es realmente importante o es que es más atractiva? Incluso, puede que determinada tarea que no suele ser atractiva ni importante, como por ejemplo limpiar la casa, se vuelve mucho más atractiva que la tarea que tienes entre manos y te parece abrumadora.

El aplazamiento de la distracción es una estrategia complementaria a las técnicas descritas anteriormente, como técnica de afrontamiento de tareas aburridas, poco interesantes o difíciles.

Pasos para aplazar la distracción:

1. Coge la libreta de cosas-a-hacer.

2. Programa tu cronometro/reloj para que suene cuando se cumpla el "tiempo de capacidad atencional" que has definido o, un poco más, si estás intentando aumentarlo *ligeramente*.

3. Empieza a trabajar en una tarea.

4. Cuando una distracción invada tu pensamiento, apúntalo en tu libreta pero no hagas nada con relación a él (por ejemplo, no te levantes para hacer llamadas telefónicas, no te pongas a ordenar la habitación, ni cualquier otra cosa)

5. Después de apuntar ese pensamiento en la libreta, puedes utilizar auto instrucciones, como *"Me preocuparé de ello más tarde"*, *"Esta no es una tarea con prioridad U"*, o *"Ya volveré a este tema"*.

6. Vuelve a la tarea principal y no la dejes mientras no termines la parte que seleccionaste para trabajar en ese momento.

7. Cuando suene la alarma, tómate un descanso. Ahora puedes mirar tu lista de distracciones y decidir si quieres tratar con ellas en ese momento o si lo harás más tarde.

8. Cuando hayas terminado el trabajo que te asignaste para ese día, revisa de nuevo la lista de distracciones. Decide si son realmente importantes o si son pensamientos que en ese momento parecieron atractivos solo porque no eran la tarea en la que estabas trabajando.

9. En caso de que sean realmente importantes, plantéate cómo manejarlos o añade estos pensamientos a la lista de cosas-a-hacer.

Cuándo decidas empezar a trabajar, utiliza siempre el cronómetro/reloj y acuérdate de tener siempre a mano la libreta.

OBSTÁCULOS POTENCIALES

Aunque estas técnicas puedan parecer sencillas, no lo son. Se paciente contigo mismo y no esperes poder usarlas inmediatamente de forma efectiva.

No te sientas frustrado si te cuesta implementar las nuevas técnicas o si fracasas cuando intentas alargar tu "tiempo de capacidad atencional".

Acuérdate de que durante muchos años has mantenido determinadas conductas y que tardará algún tiempo en adquirir estos nuevos hábitos.

Tarea de refuerzo

Si deseas comprender, ¡haz!

- Empieza a aplicar la solución de problemas para desglosar tareas aburridas o abrumadoras en pasos más pequeños que se ajusten a tu "tiempo de atención".

- Utiliza la técnica del aplazamiento de la distracción cuando tienes que trabajar en tareas difíciles o aburridas.

- Revisa cada día tu libreta con la lista de cosas-a-hacer.

- Clasifica cada tarea con prioridades "U", "I" y "N".

- Practica hacer todas las tareas "U" antes de las "I" y todas las "I" antes de las "N".

8. OCTAVA SEMANA
RELAJACIÓN

"Siempre hay esperanza y oportunidad para cambiar porque siempre hay oportunidad para aprender"

Virginia Satir

Probablemente te hayas dado cuenta de que diferentes personas responden de manera distinta a las fuentes de estrés. Hay muchos factores interactuando y contribuyendo a los distintos efectos del estrés en distintas personas y, estudios recientes han mostrado que hay una parte de vulnerabilidad genética y biológica.

Algunas personas reaccionan y se desmoralizan ante una crítica por parte de los demás (tanto real como percibida), lo cual hace que los individuos se pongan nerviosos al realizar tareas o ante situaciones nuevas.

Conociéndote a ti mismo y a tu vulnerabilidad (y practicando conscientemente relajarte y reconocer las reacciones ante el estrés) puedes desarrollar una manera completamente distinta de enfrentarte a tus preocupaciones, y encontrar estrategias para controlar los síntomas que reflejan la presencia de ansiedad en cuanto aparezcan.

METAS DEL CAPÍTULO 8

- Comprender los mecanismos de la ansiedad y la relajación

- Entrenar técnicas específicas para reducir su ansiedad

- Respiración abdominal

- Relajación progresiva: tensión-distensión

El estrés

El estrés es un hecho habitual en nuestras vidas. Cualquier cambio al que debamos adaptarnos representa estrés.

Es comprensible que la madre naturaleza nos proveyera con la respuesta de ansiedad para ayudar a ponernos en movimiento cuando estamos cerca de una situación de peligro real.

Probablemente te hayas dado cuenta de que diferentes personas responden de manera distinta a las fuentes de estrés. Algunas personas apenas reaccionan, mientras que otras hacen un drama.

Algunas personas pueden vivir toda su vida a un ritmo desenfrenado, mientras otros en la misma situación enfermarían.

Hay muchos factores interactuando y contribuyendo a los distintos efectos del estrés en distintas personas y, estudios recientes han mostrado que hay una parte de vulnerabilidad genética y biológica.

Muchos individuos llegan al mundo con una predisposición a desarrollar ansiedad y estrategias disfuncionales de enfrentamiento.

Por lo general, éstas se expresan luego de una desmoralización y crítica persistentes por parte de los demás (tanto real como percibida), lo cual hace que te pongas nerviosos al realizar tareas o ante situaciones nuevas.

Las desventajas con respecto al aprovechamiento académico, la experiencia del fracaso en el trabajo y las dificultades para llevarse bien con otros conducen a los adultos con TDAH a desarrollar "ansiedad anticipatoria" con relación a los sucesos en los que ya antes han experimentado decepción y/o fracaso.

Además de las preocupaciones por los sucesos futuros y el desempeño interpersonal, la gente con ansiedad y TDAH también podría preocuparse por su conducta y/o desempeño en el pasado.

En esos casos, podrías revivir experiencias negativas, por ejemplo, cuando creíste que has tenido un mal desempeño; cuando creíste que otras personas han juzgado que estás "por debajo del estándar" en comparación con los demás, y momentos de vergüenza a causa de los errores de juicio y/o conducta inapropiada.

Para los adultos con TDAH es probable que la ansiedad se exprese de múltiples formas.

Es factible que los adultos con TDAH sufran de timidez y susceptibilidad marcadas ante la vergüenza o la humillación que se originan en la infancia.

Para un importante número de la gente con TDAH, la ansiedad comienza en la escuela como "ansiedad de ejecución", por ejemplo: cuando tuviste que ponerte de pie en clase y leer en voz alta. Cometes errores y omites palabras. Tus compañeros te molestan o te intimidan.

En tales situaciones, pudiste alejarte o atacar de manera impulsiva.

De cualquier modo, esto tiene consecuencias sociales negativas y los niños con TDAH comienzan a perder la habilidad de interactuar con seguridad ante sus pares.

Algunos sobre-compensan tratando de complacer demasiado a otros o intimidando a otros niños. Otros lo compensan "haciéndose los divertidos".

Podrían buscar amistades en la escuela con niños fuera de su grupo de pares, en otras palabras, niños mayores o menores que ellos o tal vez prefieran la compañía de los adultos.

Con el paso del tiempo, las pequeñas ansiedades se vuelven ansiedades más grandes; esto se exacerba en especial conforme los niños progresan en los años escolares, hasta los primeros años de la edad adulta, cuando se encuentran con mayores exigencias académicas o sociales.

Antes de saber dónde está, el niño con ansiedad y TDAH ha desarrollado una forma de interactuar con el mundo que se basa en la incertidumbre e inseguridad.

La ansiedad se vuelve generalizada, lo que afecta tus creencias y confianza sobre si podrás lograr lo que intentes hacer.

Esto, con frecuencia, da como resultado una preocupación o un interés desmedido por tu nivel de competencia para cumplir diferentes papeles y áreas de funcionamiento.

Existen muchas exigencias que satisfacer las cuales requieren la habilidad de realizar múltiples tareas y asumir múltiples responsabilidades y roles. Madre, padre, esposa, esposo, hija, hijo, miembro de organizaciones sociales, líder juvenil, mentor, gerente, empleado, ejecutivo: hay que hacer malabares con estos roles y puede parecer que hubiera muchos platos en el aire que tienen que mantenerse girando.

Sentirse ansioso hace que todo lo demás que uno tiene que pensar o hacer, sea más difícil.

La ansiedad afecta la manera de pensar al afectar la valoración y la evaluación de las situaciones, lo cual provoca un auto monitoreo y una autorregulación exagerados.

Es importante recordar que la vulnerabilidad a sentir ansiedad significa solamente eso: mayor predisposición a sentir ansiedad. Además del nivel de vulnerabilidad también influye el ambiente (como es tu vida) y la manera en la que has aprendido a lidiar con el mundo que te rodea (como te manejas en él).

Esto significa que tienes todas las posibilidades de asegurarte de que tu potencialmente alto nivel de vulnerabilidad no te controle.

Conociéndote a ti mismo y a tu vulnerabilidad (y practicando conscientemente relajarte y reconocer las reacciones ante el estrés) puedes desarrollar una manera completamente distinta de enfrentarte a tus preocupaciones, y encontrar estrategias para controlar los síntomas que reflejan la presencia de ansiedad en cuanto aparezcan.

A menudo, los síntomas producidos por la activación del sistema nervioso son interpretados como vivencias extrañas y/o desagradables cuyo control escapa a la voluntad.

Nada más lejos de la realidad, estos síntomas pueden estar bajo control consciente de la persona.

La relajación puede ser provocada voluntariamente en cualquier momento, en cualquier lugar y en cualquier situación, por una persona suficientemente entrenada en técnicas específicas.

En este capítulo se pretende mejorar la comprensión de los mecanismos de la ansiedad y la relajación, así como ofrecer herramientas específicas para poder manejar mejor tus estados de nerviosismo o activación.

Esto también te permitirá mejorar tu autocontrol en situaciones en las que a menudo predomina la impulsividad, irritabilidad, etc.

La ansiedad, ¿es normal?

La ansiedad es un fenómeno normal y universal. Se da en todas las personas y bajo condiciones normales incluso mejora el rendimiento y la adaptación al medio social, laboral, o académico.

Tiene la función de movilizarnos frente a situaciones amenazantes o preocupantes, de forma que hagamos lo necesario para evitar el riesgo, neutralizarlo, asumirlo o afrontarlo adecuadamente.

Por ejemplo, nos activa frente a un examen, alerta ante una cita o una entrevista de trabajo, etc.

Sin embargo, cuando sobrepasa determinados límites, la ansiedad se convierte en un problema de salud, impide el bienestar, e interfiere notablemente en las actividades sociales, laborales, o intelectuales.

En el caso de personas con TDAH, la ansiedad tiene una doble vertiente: por un lado, los síntomas habituales de inatención, hiperactividad e impulsividad pueden favorecer la aparición de ansiedad; por otro lado, la vivencia de ansiedad puede incrementar los síntomas del TDAH.

Los síntomas de ansiedad

Las manifestaciones sintomatológicas de la ansiedad son muy variadas y pueden clasificarse en cinco grupos:

Síntomas físicos: sudoración, aumento de la frecuencia cardíaca, palpitaciones, opresión en el pecho, sensación de falta de aire, temblores, molestias digestivas, náuseas, "nudo" en el estómago, alteraciones de la alimentación, tensión y rigidez muscular, cansancio, hormigueo, sensación de mareo e inestabilidad.

Síntomas psicológicos: Inquietud interna, agobio, sensación de amenaza o peligro, ganas de huir o atacar, inseguridad, sensación de vacío, sensación de extrañeza o despersonalización, temor a perder el control, recelos, sospechas, incertidumbre, dificultad para tomar decisiones.

Síntomas conductuales: sensación de estar en alerta e hipervigilancia, bloqueos, torpeza o dificultad para actuar, impulsividad, inquietud motora, dificultad para estarse quieto y en reposo. Estos síntomas vienen acompañados de cambios en la expresividad corporal y el lenguaje corporal: posturas cerradas, rigidez, movimientos torpes de manos y brazos tensión de las mandíbulas, cambios en la voz, expresión facial de asombro, duda o crispación, etc.

Síntomas cognitivos: dificultades de atención, concentración y memoria, aumento de los despistes y descuidos, preocupación excesiva, expectativas negativas, rumiación, pensamientos distorsionados e importunos, incremento de las dudas y la sensación de confusión, tendencia a recordar sobre todo cosas desagradables, sobrevalorar pequeños detalles desfavorables, abuso de la prevención y de la sospecha, interpretaciones inadecuadas, susceptibilidad, etc.

Síntomas sociales: irritabilidad, ensimismamiento, dificultades para iniciar o seguir una conversación, en unos casos, y verborrea en otros, bloquearse o quedarse en blanco a la hora de preguntar o responder, dificultades para expresar las propias opiniones o hacer valer los propios derechos, temor excesivo a posibles conflictos, etc.

No todas las personas tienen los mismos síntomas, ni éstos la misma intensidad en todos los casos.

Relajación: indicaciones generales

1. Ten en cuenta que la relajación, como cualquier otra habilidad, se aprende de forma progresiva. **Cuanto más practique mejor dominarás la técnica**.

2. La práctica inicial debería realizarse en un **lugar tranquilo**, manteniendo una **postura cómoda**. Te facilitará conseguir un mayor estado de relajación llevar ropa cómoda y reducir los estímulos del entorno que te puedan molestar (luces, ruidos, olores, etc.). Progresivamente podrás aplicar las técnicas en otros ambientes y situaciones más adversas.

3. No te exijas un rendimiento determinado, **no tengas prisa** en conseguir relajarte. Simplemente disponte a pasar un momento tranquilo. Cualquier nivel que consigues es adecuado.

4. **No luches contra posibles pensamientos** que aparezcan en tu mente mientras practica los ejercicios. Déjalos pasar y vuelva a llevar tu atención al ejercicio.

5. No practiques los ejercicios inmediatamente después de las comidas.

Respiración abdominal

En este capítulo se practicará la respiración abdominal. Una respiración adecuada te permitirá realizar una mejor oxigenación de tu organismo, lo que conducirá a un mejor funcionamiento de los tejidos, un menor trabajo cardíaco y un mejor control de los estados de ansiedad, reacciones de impulsividad, etc.

Ejercicio 1: Parte inferior

Objetivo: dirigir el aire inspirado a la parte inferior de tus pulmones.

Instrucciones: Colocar una mano encima del vientre (debajo del ombligo) y otra por encima de tu estómago para percibir los ciclos inspiración/expiración.

En cada inspiración se trata de dirigir el aire a llenar la parte inferior de los pulmones: ha de moverse la mano colocada sobre el vientre pero no la colocada en el pecho.

Duración: 2-4 minutos. Descanso de dos minutos, repetición del ejercicio tres o cuatro veces.

Ejercicio 2: Respiración en dos tiempos

Objetivo: dirigir el aire a la parte inferior y media de los pulmones

Instrucciones: La misma postura que en el ejercicio anterior (mano en el vientre y en el estómago). Dirigir en primer lugar el aire a la parte inferior, y en la misma inspiración, pero marcando un tiempo diferente, dirigir el aire a la parte media, notando cómo se hincha la zona del estómago.

Inspiración en dos tiempos:
1. Hinchando la zona del vientre (no el estómago)
2. Hinchando la zona del estómago

Duración: 2-4 minutos. Descanso de dos minutos, repetición del ejercicio 3 ó 4 veces.

Ejercicio 3: Respiración en tres tiempos

Objetivo: realizar la inspiración completa (en tres tiempos).

Instrucciones:
1. Dirigir el aire a la zona del vientre.
2. Dirigir el aire a la zona del estómago.
3. Dirigir el aire al pecho

Duración: 2-4 minutos. Descanso de 2 minutos, repetición del ejercicio 3-4 veces.

Ejercicio 4: Espiración

Objetivo: conseguir una más completa y regular respiración

Instrucciones: Realizar el ejercicio 3, pero centrándose en la espiración:

Tras realizar la inspiración en 3 tiempos, realiza la espiración, cerrando bastante los labios, produciéndose un tenue ruido.

Espiración pausada y constante, no brusca, expulsión de todo el aire (elevar los hombros en los momentos finales de la espiración, como al encogerse de hombros, ayuda a conseguir una respiración completa).

Ejercicio 5: Respiración "continua"

Objetivo: establecer una adecuada alternancia respiratoria.

Instrucciones: Es muy similar al ejercicio anterior (inspiración y espiración completas), pero la inspiración, aun cuando mantengas el recorrido habitual (ventral, estomacal, pectoral), ya no se hace en 3 tiempos diferenciados sino en uno continuo.

Ejercicio 6: Situaciones cotidianas

Objetivo: Generalizar la respiración completa a las condiciones habituales de vida.

Instrucciones: Se trata de repetir el ejercicio 5 en distintas posiciones y situaciones. Se puede iniciar estando sentado y no tumbado, con los ojos abiertos, luego de pie, luego andando, con ropas menos adecuadas, mientras se realiza otra tarea...

Precauciones al practicar la respiración abdominal: si notases sensación de mareo o taquicardia, para el ejercicio. Probablemente hayas hiperventilado. Disminuye la cantidad de oxígeno inspirado (por ejemplo, respirando varias veces en una bolsa).

Escaneo del cuerpo

Body-Scan es una técnica que consiste en realizar un recorrido de descubrimiento a través de tu cuerpo. Al practicar el buscar, e identificar las tensiones y los sentimientos de malestar en el cuerpo, puedes deshacerte de ellos y relajarte.

La capacidad de relajarte es la forma más natural para disminuir las tensiones, recuperar fuerzas y optimizar tus capacidades funcionales.

Este ejercicio puedes descargar como archivo audio en www.atencion.org/relajacion para practicarlo de forma más cómoda.

Permite que tu cuerpo se hunda cómodamente en su silla, de modo que puedas sentarte de manera recta, sin gran tensión en tu cuerpo.

--------------- ----------------

Ahora concéntrate en tu respiración.

Respira con calma y lentamente, utilizando el diafragma...

Deja que tu cuerpo se relaje más y más con cada exhalación...

--------------- ----------------

Toma un momento para relajarte de este modo y permite a tu cuerpo soltarse...

--------------- ----------------

Ahora te guiaremos a través del escaneo del cuerpo.

Enfoca tu atención en todo tu cuerpo. Al mismo tiempo, permite que todos tus músculos se relajen.

--------------- ----------------

Para empezar - concéntrate en tu pie izquierdo...

Trata de enfocar tu atención únicamente en tu pie izquierdo y explora sus sensaciones...

--------------- ----------------

Observa cómo la planta del pie toca el suelo y cómo los tendones y los músculos se mueven si mueves los dedos...

--------------- ---------------

Ahora trata de relajar el pie...

Al mismo tiempo exhala - relaja todos los músculos en tu pie...

Siente cómo el pie, pesado y relajado, se apoya contra el suelo...

--------------- ---------------

Al mismo tiempo que respiras - trae tu atención a la parte inferior de tu pierna izquierda...

--------------- ---------------

Concéntrate en el tobillo y las pantorrillas

Deja que tu atención se centre en la parte inferior de la pierna izquierda...

--------------- ---------------

Cuando respires deja que todos los músculos de la parte inferior de la pierna se relajen...

--------------- ---------------

En tu próxima expiración - sale de la parte inferior de la pierna y lleva tu atención a la parte superior de la pierna...

--------------- ---------------

Siente cómo los glúteos se apoyan pesadamente contra la silla...

Observa si puedes detectar cualquier tensión en el músculo...

--------------- ---------------

Exhala y deja que el músculo se relaje completamente...

Siente cómo los glúteos se apoyan cada vez más pesados y relajados en la silla...

--------------- ---------------

Deja que la cálida y relajante sensación fluya a través de toda tu pierna izquierda...

--------------- ---------------

Continúa respirando tranquila y pausadamente con el diafragma...

--------------- ---------------

En tu próxima expiración deja tu atención vagar a lo largo de la pierna derecha hasta el pie derecho...

Todo el camino hasta los dedos de los pies...

--------------- ----------------

Concentra tu atención sólo en tu pie derecho...

Fíjate en como tu pie toca el suelo...

Ve si puedes sentir la tensión en cualquiera de los muchos pequeños músculos de tu pie...

--------------- ----------------

Al mismo tiempo que exhalas - suelta y relaja todos los músculos en tu pie...

Siente cómo tu pie descansa más y más pesado... y más relajado contra el suelo...

--------------- ----------------

Ahora centra tu atención más arriba – en el tobillo y la pantorrilla...

Concéntrate en las tensiones...

--------------- ----------------

Cuando respires relaja todo el conjunto de la parte inferior de la pierna...

--------------- ----------------

Ahora dirige tu atención a la parte superior de tu pierna derecha.

Siente cómo los glúteos tocan el cojín de la silla...

Fíjate incluso en la menor de las tensiones...

--------------- ----------------

Y relaja todos los músculos al espirar...

Cuando exhales - relaja todos los músculos de los muslos...

--------------- ----------------

Al mismo tiempo que respiras - mueve tu atención hacia tus glúteos y la espalda baja...

--------------- ----------------

Date cuenta cómo estas partes de su cuerpo llevan todo tu peso cuando estas sentado.

--------------- ----------------

Experimenta con la diferencia entre los músculos tensos y relajados presionando los talones en el suelo durante unos segundos...

Observa cómo los músculos se ponen tensos desde tus glúteos hasta los pies...

--------------- ---------------

Y al exhalar, dejar ir y relaja todos los músculos de nuevo...

--------------- ---------------

Ahora centra tu atención en toda la parte inferior de tu cuerpo.

--------------- ---------------

Deja que la sensación de tranquilidad se extienda por todas partes desde las nalgas hasta los pies...

Relájate más y más con cada respiración...

--------------- ---------------

Fíjate en que cómoda, pesada y relajada se ha convertido toda la parte inferior de tu cuerpo...

--------------- ---------------

Continúa relajándote con la respiración tranquila impulsada por tu diafragma...

Relájate más y más con cada respiración...

--------------- ---------------

Está atento a posibles impulsos de distracción.

Si tus pensamientos comienzan a vagar, devuelve tu atención a tu cuerpo y a la respiración...

--------------- ---------------

Y relájate más y más cada vez que exhalas...

--------------- ---------------

Ahora has repasado la parte inferior de tu cuerpo. Termina con ella por completo antes de pasar a lo siguiente...

--------------- ---------------

La próxima vez que inspires - concéntrate en tu estómago...

--------------- ---------------

Cuando respires siente cómo se expande levemente el estómago...

... ¿Y cómo se relaja cuando exhalas?...

--------------- ---------------

Sólo déjalo, y relaja todo el estómago cuando exhales...

--------------- ---------------

Deja que la sensación cálida y relajante, se expanda a través de tu estómago entero...

Y relájate más y más cada vez que exhales...

---------------- ----------------

Al mismo tiempo que inspiras - centra tu atención en el pecho...

---------------- ----------------

Con cuidado endereza tu espalda y empuja tu pecho para fuera sin que se sienta tensa...

---------------- ----------------

Continúa respirando con el diafragma para que tu pecho llegue a descansar tanto como sea posible...

Observa cómo los músculos alrededor de tu pecho pueden relajarse cuando respiras con el diafragma...

---------------- ----------------

Cada vez que exhales - deje que los músculos de tu pecho se relajen cada vez más...

---------------- ----------------

Ahora concéntrate en los músculos de la espalda.

Trata de concentrarte en las sensaciones de todos los músculos de la espalda.

---------------- ----------------

Date cuenta de cómo los músculos de la espalda pueden relajarse casi por completo cuando te sientas con la espalda recta...

¿Te das cuenta de cómo el esqueleto lleva el peso de tu cuerpo...?

---------------- ----------------

Trata de encontrar el equilibrio en tu posición de sentado. Siéntate recto y relajado y deja que los músculos alrededor de tu pecho y la espalda se relajen más y más cada vez que exhales...

Déjate ir y relájate...

---------------- ----------------

La próxima vez que respires - centra tu atención en los hombros...

Concéntrate en cómo se sienten tus hombros...

---------------- ----------------

Trata de crear una imagen interior de cómo las tensiones en los músculos se liberan de tu cuerpo con cada respiración...

--------------- ---------------

Siente cómo se alivian las tensiones un poco cada vez que exhalas...

Y déjate ir, relaja los hombros totalmente al exhalar...

--------------- ---------------

Ahora deja que tu atención vaya hacia abajo, hasta el brazo y mano izquierdos...

Deja descansar el brazo y relájate...

--------------- ---------------

Cuando exhales relájate completamente…

Déjate ir y permite que la sensación relajada se difunda por todo el brazo y mano, hasta la punta de tus dedos...

--------------- ---------------

Ahora deja tu brazo izquierdo y concéntrate en tu brazo derecho y la mano derecha...

--------------- ---------------

Deja descansar el brazo derecho con comodidad y toma nota de la más pequeña de las tensiones en los músculos de los brazos...

--------------- ---------------

Exhala y deja que los músculos en tu brazo se aflojen…

Relájate más y más con cada respiración...

Siente cómo tu brazo se hace más pesado y relajado cada vez que exhalas...

--------------- ---------------

Al mismo tiempo que respiras - mueve tu atención a la garganta y el cuello...

--------------- ---------------

Trata de descubrir todas las tensiones sutiles que puedas tener alrededor de la garganta y el cuello...

Observa cómo los músculos del cuello se extienden hasta llegar a la parte posterior de la cabeza...

--------------- ---------------

Exhala - y relaja todos los músculos alrededor de la garganta y el cuello...

--------------- ---------------

Trata de sentir cómo circula la sangre en los músculos cuando te relajas...

Deja que la sensación cálida y relajante se difunda a través de tu garganta y toda la región del cuello hacia la parte posterior de la cabeza...

---------------- ----------------

En tu próxima exhalación concéntrate en todos los músculos de la cara...

---------------- ----------------

Deja que tu atención se vaya poco a poco de la barbilla hasta la frente...

Observa si puedes sentir cualquier parte tensa...

---------------- ----------------

Y ahora... suéltate completamente...

Cuando exhales - deja a todos los músculos de la cara relajarse...

---------------- ----------------

Imagínate cómo todos los músculos de la cara se relajan y se suavizan cada vez que exhalas...

---------------- ----------------

Deja que la sensación cálida y agradable se extienda a través de toda la cara y alrededor de tu cabeza...

---------------- ----------------

¡Muy bien! Ahora has pasado a través de todo tu cuerpo relajándolo parte por parte.

Ahora, se consciente y observa todo tu cuerpo mientras estás sentado...

Observa cualquier rastro de tensión...

---------------- ----------------

Si todavía te sientes tenso en algún lugar, centra tu atención en esa área...

Toma nota, sin tratar de controlar...

---------------- ----------------

Y suelta...

Deja que la tensión desaparezca más y más cada vez que exhalas...

---------------- ----------------

Ahora relaja todo tu cuerpo...

Respira lentamente y con calma usando el diafragma...

Relájate más cada vez que exhales...

---------------- ----------------

Permanece sentado y quieto por un rato y disfruta de la agradable sensación de relajación en tu cuerpo...

---------------- ----------------

¡Muy bien!

Ahora has completado todo el programa en el escaneo básico del cuerpo.

Trata de mantener la sensación cálida y relajada en tu cuerpo cuando reanudes tus actividades diarias.

Tarea de refuerzo

Si deseas comprender, ¡haz!

- Repasar el material de este capítulo.
- Practicar las técnicas de relajación como mínimo una vez al día.
- Si quieres profundizar en las técnicas de relajación encuentras más información en www.atencion.org/fichas

9. NOVENA SEMANA
INTRODUCCIÓN AL MODELO
COGNITIVO DEL TDAH

"Lo que distingue el fracaso del éxito no son las cosas que nos pasan; la diferencia estriba en cómo percibimos "lo que pasa" y qué hacemos en consecuencia."

Antony Robbins

En este capítulo estudiaremos formas de distorsiones cognitivas o creencias inútiles tal como han sido estudiadas por Ellis y Beck (terapias cognitivo-conductuales o TCC), y posteriormente por los teóricos de la programación neurolingüística (PNL).

Hasta ahora has ampliado tus conocimientos sobre el TDAH y has ido desarrollando sistemas para organizarte, planificar, solucionar problemas y también has desarrollado habilidades para manejar tu tendencia a distraerte.

Este capítulo se dirige al pensamiento adaptativo, que te permitirá tomar conciencia de cómo los pensamientos negativos pueden provocar estrés, alteraciones del estado de ánimo e interferir en la correcta finalización de las tareas.

Este método para favorecer un estilo de pensamiento más adaptativo se ha utilizado también en otros tratamientos psicológicos similares para el abordaje de otros trastornos como la depresión o los problemas de ansiedad.

El objetivo principal del entrenamiento en pensamiento adaptativo consiste en reducir la interferencia de pensamientos negativos o determinados estados de ánimo sobre las tareas, su continuidad, nuestro malestar y el aumento del despiste.

Algunas personas con TDAH pueden estar predispuestas a experimentar síntomas depresivos y ansiedad causada por su historial de sucesos negativos y de baja autoestima, como fracaso académico, dificultades en las relaciones y conflictos financieros.

Sus problemas con su forma de pensar pueden aumentar el desarrollo de la depresión. Debido a que muchos individuos con TDAH poseen muy poca habilidad para planear, no poseen la motivación suficiente para iniciar proyectos y tienen problemas para concluir las tareas.

Esto significa que pueden carecer de la oportunidad de experimentar un sentimiento de logro y dominio, y cuando las cosas salen mal, se precipitan a la depresión. Es necesario tomar en serio la depresión en las personas con TDAH, debido a su falta de control conductual, lo cual puede hacer que actúen siguiendo una idea o un impulso "autodestructivo"

Una vez tratados, algunos adultos con TDAH pueden desarrollar un mejor insight de sus problemas del pasado, pero pueden cavilar más, por ejemplo, con menos distracción, sobre fracasos del pasado y relaciones interpersonales mal adaptativas con personas importantes en sus vidas.

Su riesgo de deprimirse puede aumentar poco después del diagnóstico y del tratamiento.

Hemos incorporado los errores de pensamiento comunes a las personas con TDAH.

Te proporcionamos sugerencias de cómo romper el ciclo negativo e introducir las técnicas para desafiar sus pensamientos automáticos negativos, reducir el diálogo interno que perpetúa el estado anímico bajo y desarrollar autoenunciados positivos de acuerdo con las fortalezas del TDAH.

METAS DEL CAPÍTULO 9

- Aprender los principios básicos del modelo cognitivo del TDAH

- Adquirir habilidades para identificar y etiquetar los pensamientos automáticos poco útiles

El modelo cognitivo conductual del TDAH

El pensamiento adaptativo es muy importante debido a la interrelación entre los pensamientos, los sentimientos (o emociones) y los comportamientos (o conductas).

Pensamientos

Emociones

Conductas

Este modelo enfatiza la importancia de las conexiones entre los pensamientos, las emociones y los comportamientos en cada situación. Este modelo cognitivo se refiere a cómo los pensamientos contribuyen a la forma en que las personas actuamos, y cómo los pensamientos contribuyen al modo en que nos sentimos.

Los pensamientos automáticos

A lo largo del día, numerosos pensamientos aparecen en nuestra mente. Una característica maravillosa de nuestros pensamientos es la posibilidad de hacer conexiones entre cosas. Sientes el olor a canela y te recuerda del arroz con leche que hizo tu mamá. Mucho de nuestro aprendizaje se basa en esta habilidad. Aprendemos palabras claves, imágenes claves y las conectamos con experiencias y recuerdos. De esta manera podemos tener en la cabeza gran cantidad de información relacionada.

La desventaja con nuestra capacidad de asociación es que es totalmente automática y siempre conectamos aunque no queramos hacerlo. Conectamos una cosa con otra independientemente si es verdad o no. Otra desventaja es que la capacidad de asociación es más eficaz cuando se trata de cosas negativas.

Lo que es sorprendente es lo a menudo que ni nos damos cuenta de esos pensamientos. Sin embargo, éstos juegan un papel importante, determinando cómo nos sentimos y cómo respondemos ante cada situación.

Estos pensamientos son "automáticos", aparecen "por su cuenta". Por ejemplo, piense en cuando aprendía a conducir. Para poder coordinar varias tareas a la vez, debería ser consciente de coger el volante, acordarse de poner los intermitentes al girar, estar en su carril, estar atento/a a los otros vehículos, peatones, etc. Hacer todas estas tareas a la vez requiere muchísima atención.

Ahora, piensa en cómo conduces actualmente. Probablemente conduces sin estar tan pendiente de cada movimiento que realizas. Seguramente ni recuerdas todos los pasos que vas haciendo, porque están automatizados.

Pensamientos automáticos menos útiles

En algunas situaciones, estos pensamientos automáticos nos ayudan a finalizar una tarea más fácilmente, cómo por ejemplo en el caso de conducir un coche.

Desgraciadamente, en otras situaciones los pensamientos automáticos interfieren y dificultan que podamos conseguir nuestros objetivos.

Los pensamientos automáticos negativos son un tipo de pensamientos evaluativos, rápidos, breves, a menudo ilógicos, poco realistas, inadecuados, desproporcionados y que generan sentimientos negativos y conductas poco eficaces. Cuando practicas varias veces a identificar los pensamientos automáticos negativos y logras mirarlos desde la distancia, entrenas a tu cerebro para verlos como algo que va cambiando de un momento a otro y no como verdades a las que se debe necesariamente reaccionar.

Por ejemplo, imagina que tienes que llevar a cabo una tarea poco apetecible, como preparar la declaración de la renta. Imagina algunos de los pensamientos automáticos que podrían aparecer:

- *"Soy un desastre haciendo estas cosas"*

- *"Esto se va a alargar eternamente"*

- *"Si lo acabo, descubriré que este año me toca pagar"*

- *"Si me toca pagar, no tendré suficiente dinero para pagarlo"*

Si este tipo de pensamientos aparece por tu mente, probablemente la tarea de reportarte a hacienda parezca todavía peor, más estresante y abrumadora.

Esto haría incrementar la posibilidad de dejarlo para más tarde, de aplazarlo, y de hacer cualquier otra tarea en su lugar.

La relación entre los pensamientos, las emociones y los comportamientos

El componente conductual habitualmente es la evitación. Los pensamientos negativos sobre una situación hacen que la persona evite esa situación porque:

(1) se siente peor y

(2) las expectativas de resolver esa situación son negativas.

La evitación incrementa la ansiedad, la sensación de inquietud y quizá también la irritabilidad o la depresión. La tarea no se finaliza y la persona se siente todavía peor.

La ansiedad y la depresión pueden generar más pensamientos negativos, y así éstos generan más sentimientos de ansiedad y depresión de modo que el círculo continúa, haciendo que el problema sea cada vez peor.

En las personas con TDAH este círculo empeora otros síntomas como la inatención, la dilación, la frustración, la tristeza, etc.

El primer paso para romper este círculo es identificar y reducir estos pensamientos negativos.

El hecho de poder ser más consciente de la situación cuando esto ocurre será el primer paso para poder aprender a pensar de una manera más adaptativa.

Tarea de refuerzo

Si deseas comprender, ¡haz!

- Crear y rellenar la Ficha 9.1 "Hoja de Registro de Pensamientos".
- Revisar las tareas de los módulos anteriores

Ficha 9.1

Identificación de pensamientos automáticos y la hoja de registro de pensamientos

La Hoja de Registro de Pensamientos es una herramienta creada para ayudarte a identificar, reducir y reestructurar pensamientos automáticos negativos. Puedes utilizar la hoja adjunta o mejor todavía, utilizar tu libreta para dibujar el mismo esquema que aquí te proponemos.

Empecemos con una situación estresante que hayas experimentado durante la semana. Intenta recordar una situación reciente en la que te hayas sentido especialmente abrumado/a, estresado/a, triste o agobiado/a.

Intenta analizar esa situación con la ayuda de la Hoja de Registro de Pensamientos (3 columnas).

1ª Columna: debería contener una breve descripción de la **situación**.

¿Cuándo sucedió, dónde fue, con quién estabas, qué ocurría...?

Sería ideal que pudieras describir brevemente la situación, con una o dos frases.

2ª Columna: deberían constar tus **pensamientos**.

¿Qué te pasó por la cabeza en ese momento?

¿Qué te dijiste a ti mismo/a en ese momento sobre la situación, sobre tu papel en ella, sobre las demás personas...?

¿Qué temiste que podría ocurrir?

¿Qué pensaste que podría ser lo peor que podría ocurrir si tu temor se hubiera confirmado?

Cuando aparecen estos pensamientos automáticos, es importante separar los pensamientos de los sentimientos. Los pensamientos son lo que pensabas en esa situación. Los sentimientos irán en la siguiente columna.

3ª Columna: deberías apuntar tus **sentimientos** o emociones que experimentaste en esa situación. **Intenta puntuar su intensidad en una escala de 0 – 100 (0 = intensidad mínima, 100 = intensidad máxima).**

Ejemplos de emociones son enfado, agobio, tristeza, alegría, depresión, ansiedad, sorpresa...

Hemos preparado unos ejemplos de Hoja de Registro de Pensamientos que puedes encontrar en la siguiente página. Las fichas también están disponibles para descargar e imprimir en www.atencion.org/fichas

Momento/ situación	Pensamientos automáticos	Emoción e intensidad (0-100)
En casa, preparando las cosas para hacer la renta	- Esto va a ser un caos - Al final nunca lo acabo - Seguro que me faltarán papeles - Si al final me lo tendrá que revisar el gestor - Y sólo falta que encima me toque pagar	Ansiedad (75) Frustración (80) Agobio (80)

Hoja de Registro de Pensamientos (3 columnas)

Momento/ situación	Pensamientos automáticos	Emoción e intensidad (0-100)

10. DÉCIMA SEMANA
LOS ERRORES DE PENSAMIENTOS

"El verdadero viaje del descubrimiento no consiste en buscar nuevos territorios, sino en tener nuevos ojos"

Marcel Proust

Has podido ver cómo en algunas situaciones aparecen pensamientos automáticos que tienen como consecuencia sentimientos negativos (y a veces positivos). Vamos a ver más de cerca la naturaleza de estos pensamientos automáticos. Existen algunos tipos de pensamientos negativos muy habituales.

Además, vamos a ver cómo estos pensamientos interfieren en tus dificultades para finalizar tareas, y en tus sentimientos de ansiedad, frustración o tristeza.

METAS DEL CAPÍTULO 10

- Aprender los principios básicos del modelo cognitivo del TDAH

- Adquirir habilidades para identificar y etiquetar los pensamientos automáticos poco útiles

- Plantear la formulación de respuestas razonables.

- Revisar las tareas para casa

Pensamientos tramposos

Lo que sigue a continuación es una lista de pensamientos tramposos habituales.

Deberías revisar cada tipo de error y asegurarte de que comprendes su significado. A continuación, intentarás identificar qué tipos de errores son más habituales o problemáticos para ti.

Pensamientos de todo-o-nada: consiste en ver las cosas en categorías, como blanco o negro, sin escala de grises. Eres gordo o delgado, inteligente o tonto, exitoso o fracasado. Por ejemplo, *TODOS los aspectos de este proyecto deben acabarse inmediatamente*, o *si tu actuación no es perfecta, entonces es un completo fracaso.*

- **Sobregeneralización**: ver un acontecimiento negativo puntual y único como si fuera la parte de un patrón inacabable.

- **Filtro mental**: seleccionar un detalle negativo y centrarse en ese exclusivamente, sin atender a los aspectos positivos de la situación.

- **Descalificación de lo positivo**: rechazar las experiencias positivas insistiendo en que "esas no cuentan" por algún motivo. Así se mantiene el pensamiento negativo aunque las experiencias cotidianas lo contradigan.

- **Salto a las conclusiones**: hacer una interpretación negativa incluso cuando no hay hechos que la apoyen.

- **Magnificación / minimización**: exagerar la importancia de un hecho (*como un error que hayas cometido, o el éxito de otra persona*) o reducirla para que parezca mínima (*tus propias cualidades o las imperfecciones en otras personas*).

- **Catastrofismo**: atribuir consecuencias extremas y horribles sobre los resultados de los acontecimientos. *Un error que hayas cometido en el trabajo parece que vaya a hacer que te echen.*

- **Razonamiento emocional**: asumir que tus emociones negativas necesariamente reflejan la manera como son las cosas. *Lo siento así, de modo que debe ser así.*

- **Frases tipo "debería"**: Debería hacer esto o aquello ¡SINO....! En la última parte de la frase está la amenaza escondida como si tuviera que ser castigado/a antes por hacer/o no hacer determinadas cosas. Pensar en lo que vendría después del "sino" hace que veas con más claridad el pensamiento negativo automático.

- **"Etiquetar"**: es una forma extrema de la sobregeneralización. En lugar de describir un error, por ejemplo, se coloca una etiqueta sobre usted mismo o los demás.

- **Personalización**: ver los acontecimientos negativos como indicadores de tus propias características negativas (o de los demás), o por ejemplo considerarte responsable de acontecimientos negativos de los que no lo eres.

- **Pensamiento desadaptativo**: centrarte en algo que quizá sea cierto pero sobre lo que no tienes control, no depende de ti. Esto te genera una elevada auto-crítica pero no te ayuda a resolver el problema o intentar nuevas alternativas.

Elaborar una respuesta razonable

Recuerda que el objetivo principal de este capítulo es desarrollar un estilo de pensamiento que te ayude a afrontar las situaciones problemáticas y a mantener una visión optimista de tus capacidades para resolver problemas.

La siguiente *"historia de entrenamiento"* nos demuestra el poder que pueden llegar a tener los pensamientos.

Esta es una historia acerca de un campeonato de básquet infantil:

La historia empieza con Marc, un pequeño jugador de un campeonato infantil de básquet.

En este día en concreto, Marc se encuentra sólo con la pelota debajo de la canasta del equipo contrario. Está terminando el partido y el equipo necesita un punto para ganar.

Marc se prepara y lanza la pelota... pero pasa por encima de la canasta. Ha fallado y el árbitro marca el final del partido.

Delante de esta situación, un entrenador puede reaccionar de varias maneras.

Empecemos por el entrenador A: este es el tipo de entrenador que saltará de su banquillo y le gritará: "¡No puedo creerme que hayas fallado! ¡Cualquiera lo hubiera hecho mejor! ¡Hasta mi perro! ¡Vuelves a fallar una como esta y te sientas en el banquillo! ¡Esto es el colmo!

En este momento, si Marc es como muchos de nosotros, se mantendrá ahí, tenso, firme, intentando no llorar.

Además, si somos los padres de Marc, podremos ver cambios más profundos después del partido: antes exhibía sus zapatillas de básquet y ahora las esconde debajo de la cama. Y, antes del próximo partido, se quejará de que le duele la barriga y que quizás no debería ir al partido. Este es el escenario con el entrenador A.

Volvamos a la situación original y hagámosla diferente. Marc no mete la pelota en la canasta. Ahora el entrenador B se acerca y le dice:

"Bueno, fallaste este. Esto es lo que te quiero recordar: la canasta siempre parece que está más lejos de lo que realmente está. La próxima vez quiero que pienses en lo que hemos practicado durante los entrenamientos….

Vamos a ver como lo haces para la próxima."

El entrenador se va a hablar con el resto del equipo. ¿Cómo se sentirá Marc? Bueno, no está contento. Al final, falló – pero hay muchas diferencias importantes comparando con la forma como se sintió con el entrenador A. No está tenso ni rígido, y enfrente de una situación parecida sabe qué hacer.

Así, si fuéramos el tipo de padres que desea que Marc siga jugando en las siguientes categorías, elegiríamos el entrenador B, porque enseña Marc a ser un jugador más eficaz. Marc sabe cómo hacerlo de manera diferente, y puede destacar jugando.

Y si no nos importa si Marc sigue jugando o no – porque el básquet es un juego y se supone que uno se divierte jugando – igualmente seguiremos eligiendo el entrenador B. Elegimos el entrenador B porque nos interesa que Marc disfrute jugando. Con este entrenador, Marc sabe cómo hacerlo, no está tenso ni rígido, ni llora; y podrá disfrutar del partido. Y seguirá exhibiendo sus zapatillas.

Ahora, mientras que todos elegiríamos al entrenador B para Marc, rara vez escogemos la perspectiva del entrenador B para la forma como hablamos con nosotros mismos.

Piensa en tus últimos errores. Seguramente te has dicho, *"¡No puedo creer que yo haya hecho esto! ¡Soy tan estúpido! ¡Que tonto!"* Estos son los pensamientos del entrenador A, y tienen prácticamente el mismo efecto en nosotros que tienen en Marc. Nos hacen sentir tensos y rígidos y a veces nos hacen sentir ganas de llorar. Y este tipo de afrontamiento raramente nos hace sentir mejor en el futuro.

Aunque apenas te preocupes por la productividad, seguirás eligiendo el entrenador B. Y si te interesa disfrutar de la vida, en lugar de realizarte a ti mismo en cuanto a satisfacción y eficacia, seguirás eligiendo el entrenador B.

Tener en mente que no estamos hablando de como seríamos nuestro propio entrenador en un partido de básquet. Estamos hablando de cómo nos entrenamos a nosotros mismos en la vida, y como disfrutamos de ella.

Nos gustaría que durante la próxima semana te escucharas a ti mismo y te dieras cuenta de cómo te auto-entrenas.

Y si escuchas al "entrenador A", acuérdate de esta historia e intenta remplazarlo por el "entrenador B".

Con esta historia se pretende que reconozcas los pensamientos negativos e inútiles apenas surjan (pensamientos del "entrenador A") y que aprendas a desarrollar un estilo de pensamiento más positivo y razonable (pensamientos del "entrenador B")

Volvamos a la hoja de registro de pensamientos que completaste anteriormente. Revisa los pensamientos automáticos y los errores de pensamiento que identificó. En caso de que no hayas cumplimentado el ejercicio, te animamos a que lo vuelvas a intentar.

El siguiente paso es evaluar la utilidad de cada uno de esos pensamientos.

Las siguientes cuestiones te pueden ayudar a evaluar objetivamente esos pensamientos.

- *¿Cuál es la evidencia de que este pensamiento es verdadero?*

- *¿Existe alguna explicación alternativa?*

- *¿Cuál es la peor cosa que puede suceder?*

- *¿La importancia de esta situación ha crecido de forma completamente irrazonable?*

- *¿Qué debería un buen entrenador decir sobre esta situación?*

- *¿Hice lo que podía hacer para controlarla?*

- *¿Si hiciera cualquiera otra cosa ayudaría o empeoraría la situación?*

- *¿Me estoy preocupando demasiado por ello?*

- *¿Qué me diría un buen amigo sobre esta situación?*

- *¿Que le diría yo a un buen amigo a cerca de esta situación si le estuviera pasando a él?*

- *¿Por qué es un error de pensamiento esta afirmación?*

Introducimos ahora una nueva tabla de registro de pensamientos (5 columnas), en la que se añade una columna para la formulación de una respuesta más razonable.

La respuesta racional es una afirmación que tu puedes decirte a ti mismo de forma a sentirte mejor con relación a la situación. Piensa que no te pedimos que te centres en todos los aspectos negativos de tus pensamientos.

La idea es generar formas más equilibradas, objetivas y útiles de pensar sobre una misma situación.

OBSTÁCULOS POTENCIALES

Para algunas personas, el hecho de escribir los pensamientos negativos hace que éstos parezcan más reales o más difíciles de afrontar. Por eso son reacias a utilizar la Hoja de Registro de Pensamientos. Sin embargo, esos pensamientos están en tu mente, interfiriendo tanto si los escribes como si no.

Completar la Hoja de Registro de Pensamientos te puede ayudar a sentirte mejor en esa situación, a pesar de las dificultades iniciales para ver lo que piensas sobre el papel.

Te parecerá difícil etiquetar las emociones y quizá intentes encontrar la emoción que describe perfectamente cómo te sentiste en ese momento. Utiliza la primera palabra que se te ocurra, aunque no te parezca perfecta. Con el tiempo, te será más fácil etiquetar tus emociones.

Al comienzo puede ser difícil encontrar una respuesta más racional. Recurre a la siguiente cuestión, *"¿Qué diría yo a un amigo que me dijera esto?"*.

Además, ten en consideración que tus pensamientos y tus sentimientos sobre la situación no cambiarán inmediatamente después de que hayas identificado una respuesta más razonable.

Igualmente, si te repites estas respuestas a ti mismo, empezarás a sustituir los pensamientos automáticos y negativos que tenías al comienzo, por pensamientos más equilibrados y racionales.

Tarea de refuerzo

Si deseas comprender, ¡haz!

Ya has aprendido en los capítulos anteriores que la práctica es esencial para desarrollar nuevas habilidades y a medida que practicas las estrategias propuestas, éstas se te hacen más familiares y fáciles de aplicar.

Quizás ya habrás empezado a experimentar los beneficios de utilizar las herramientas que te hemos ido proponiendo. Ya sabes, ¡cuanto más practique más fáciles le serán!

- Leer la formula para desarrollar respuestas razonables.
- Leer y completar la **Ficha 10.1** "Hoja de Registro de Pensamientos" (5 columnas) para un mínimo de dos situaciones que te ocurran durante la semana.

Ficha 10.1

Instrucciones para el Pensamiento Adaptativo

El objetivo de la Hoja de Registro de Pensamientos (5 columnas) es identificar los pensamientos automáticos que en una determinada situación te pueden hacer sentir agobiado/a.

El primer paso es aprender a pensar de maneras alternativas y más útiles, y ser más consciente de cómo esos pensamientos influyen en el estado de ánimo y en los comportamientos. Si puedes anticipar una situación estresante o una tarea que te pueda agobiar, escribe en la hoja los pensamientos que relacionas con esa situación.

Si la situación ya ha ocurrido, intenta anotar lo que pensabas en ese momento que te resultó negativo.

La **1ª columna** es una descripción de la situación.

La **2ª columna** es para escribir los pensamientos en esa situación estresante, abrumadora, agobiante o difícil de controlar.

La **3ª columna** es para escribir las emociones que tuviste, tu estado de ánimo en esa situación.

La **4ª columna** es para intentar identificar tus tipos de errores de pensamiento.

- Pensamientos de todo-o-nada
- Sobregeneralización
- Filtro mental
- Descalificación de lo positivo
- Salto a las conclusiones
- Magnificación / minimización
- Catastrofismo
- Razonamiento emocional
- Frases tipo "debería"

- "Etiquetar"
- Personalizar
- Pensamiento desadaptativo

En la **última columna**, procura generar una respuesta más racional para cada uno de esos pensamientos o para los pensamientos más negativos. La respuesta racional es una auto-declaración que te puedes decir a ti mismo de forma a sentirte mejor en relación a la situación.

Recuerda, estas son algunas cuestiones que te pueden ayudar a reflexionar sobre una respuesta más racional:

- *¿Qué evidencia hay de que este es un pensamiento verdadero? ¿Existe alguna explicación alternativa?*
- *¿Cuál es la peor cosa que puede ocurrir?*
- *¿Esta situación ha tomado una importancia desmesurada?*
- *¿Qué diría un buen entrenador de la situación?*
- *¿Hice todo lo que podía para controlarla?*
- *¿Si hiciera alguna cosa más, podría mejorar o empeorar la situación?*
- *¿Me estaré preocupando demasiado con esta situación?*
- *¿Qué me diría un amigo sobre esto?*
- *¿Qué le diría a un buen amigo si se encontrara en esta situación?*
- *¿Porqué es esta afirmación una distorsión cognitiva?*

Momento / situación	Pensamientos automáticos	Emoción e Intensidad (0-100)	Error de pensamiento	Respuesta razonable

11. UNDÉCIMA SEMANA
MANEJO DE LA IMPULSIVIDAD

"Por cada minuto de enojo, perdemos sesenta segundos de felicidad."

Emerson

La impulsividad en el TDAH parece estar ligada a una baja tolerancia a la frustración. Esta característica parece ser una particularidad estable y perdurable del TDAH en adultos así como del TDAH infantil.

Los adultos con este problema parecen preferir las recompensas a corto plazo y tener una incapacidad de demorar la gratificación, lo cual puede conducir a problemas con la espera. Esto significa que las personas con TDAH pueden parecer exigentes o egocéntricas.

Además, para las personas con TDAH resulta difícil considerar las consecuencias de su conducta antes de actuar.

Existen consecuencias sociales obvias cuando los individuos se presentan de esta manera y puede parecer que carecen de consideración hacia los sentimientos y las necesidades de los demás.

Las consecuencias de su impulsividad parecen agravarse en la adultez, ya que el control deficiente de impulsos, junto con un "mal genio", puede llevar a una conducta antisocial, una conducta violenta o agresiva o ambas, a multas por exceso de velocidad, violencia vial, accidentes de tránsito y actos criminales.

En algunos aspectos, el TDAH puede considerarse como un problema en potencia amenazante para la vida, como resultado de una conducta violenta hacia los demás, de lesiones accidentales (p. ej., accidentes de tránsito) y de un daño deliberado hacia uno mismo.

El descontrol emocional, la impulsividad, la irritabilidad y los cambios bruscos de humor son característicos en las personas con TDAH. La rapidez con que cambian de la alegría a la tristeza no sólo descoloca a los individuos que padecen el trastorno, sino también a las personas que están a su alrededor y con las que se relacionan.

Muchas veces parece que actúan antes de pensar o que no tienen en consideración las consecuencias de su comportamiento. Reaccionan precipitadamente y eso, a menudo, resulta en conductas inadecuadas o en errores.

No es que no sepan qué hacer, sino que son tan impulsivos que no utilizan lo que saben para proceder o contestar correctamente.

Lo más probable es que los jóvenes y adultos con TDAH hayan experimentado una historia de fracasos sucesivos en muchos aspectos de su vida, lo que suele contribuir al desarrollo de una baja autoestima y de ciertas creencias de que la situación nunca cambiará.

El objetivo principal del capítulo es mejorar la comprensión de los mecanismos de la **impulsividad** y otras **emociones asociadas**. De esta manera, se logrará mejorar el autocontrol en situaciones en las que a menudo predominan la impulsividad, la irritabilidad, etc.

META DEL CAPÍTULO 11

- Exponer los conceptos de impulsividad, mala tolerancia a la frustración y respuestas de ira, y entrenar estrategias para mejorar el control de las conductas impulsivas.

Manejo de la impulsividad y de las emociones

En capítulos anteriores hemos hablado de la baja tolerancia a la frustración y de la facilidad para desmotivarse ante pequeñas dificultades como dos características de las personas con TDAH. Por eso, es probable que las situaciones que describimos a continuación parezcan familiares.

Por ejemplo, cuando la tarea requiere esfuerzo o no es suficientemente interesante, rápidamente desisten; del mismo modo, cuando alguien no atiende rápidamente a sus necesidades o demandas, en seguida se enfadan: les cuesta mucho esperar y posponer la gratificación; normalmente, lo que quieren lo quieren «ya» y por eso son vistos por los demás como «caprichosos».

Las respuestas de ira y las manifestaciones de pérdida de control, como puedan ser ciertas conductas agresivas y muestras de mal genio, suelen ocurrir cuando el individuo se siente frustrado (por ejemplo, cuando considera que son injustos con él o que la tarea es muy difícil y no podrá realizarla).

Cabe tener en cuenta que, además de las consecuencias directas de la conducta, el efecto de estas respuestas puede verse aumentado en la medida en que son percibidas por los demás como reacciones desproporcionadas y descontroladas.

No obstante, no todos los adultos con TDAH presentan este tipo de conductas, ni tampoco con la misma frecuencia o intensidad.

Las pérdidas de control y las reacciones desmesuradas de ira y agresividad están en gran parte modeladas por características intrínsecas de la persona (más allá del TDAH), como pueden ser determinados rasgos de personalidad, o el consumo de sustancias.

Impulsividad, baja tolerancia a la frustración y respuestas de ira

Muchas personas con TDAH suele actuar de forma impulsiva, bien porque quieren terminar rápidamente una actividad interesante y obtener el resultado lo más inmediatamente posible, bien porque quiere «sacarse de encima» una tarea agobiante.

Como es lógico, lo que suele pasar es que cuanto más rápido y más impulsivamente actúa, más probable es que se equivoque y lo haga mal.

Las reacciones impulsivas pueden ser hacia el entorno o hacia otras personas, como por ejemplo respuestas inadecuadas, reacciones descontroladas e, incluso, explosiones verbales o físicas.

No siempre esta impulsividad tiene una expresión exterior, si no que hay personas que tienden a mantener ese impulso «guardado», lo que les genera tensión interior.

En momentos de mayor demanda, sobrecarga o cansancio, todo esto se intensifica y es comprensible que la persona se vuelva todavía más intolerante e impaciente y aumente la impulsividad.

Cuando, posteriormente, se da cuenta de su comportamiento, en gran medida por las consecuencias negativas que ha desencadenado, es cuando surgen los sentimientos de culpa y autorreproche.

Controlar la impulsividad y la hiperreacción

Proponemos un ejercicio de reflexión para identificar las situaciones tanto ambientales como personales en las que sueles actuar impulsivamente, y te pedimos que describas las consecuencias de esos comportamientos.

El hecho de plantearte las consecuencias negativas de esas conductas contribuirá a aumentar la motivación para cambiarlas. Para realizar este ejercicio, dispones de una ficha de apoyo **(Identificación de conductas impulsivas y sus consecuencias).**

El paso siguiente al reconocimiento de las situaciones en las que sueles actuar impulsivamente es encontrar estrategias que permitan minimizar estas conductas y sus efectos.

Por ejemplo, evitar contestar antes de reflexionar debidamente sobre la respuesta, controlar el aumento de la inquietud y las reacciones explosivas, aumentar el autocontrol, etc.

Es probable que dispongas ya de recursos personales que has desarrollado para manejar estas situaciones.

A continuación, proponemos algunas estrategias útiles para el control de la impulsividad:

- Acostumbrarse a repasar los trabajos al menos dos veces antes de presentarlos.

- «Tomarse un segundo» (por ejemplo, contar mentalmente hasta 10 antes de contestar o actuar).

- Practicar una respiración lenta y profunda durante un par de minutos.

- Se aconseja, si es posible, salir un momento de la situación de tensión y volver sólo cuando nos sintamos más calmados (por ejemplo, ir al lavabo, salir un momento al balcón, salir a dar un paseo etc.).

- Hacer algo concreto que nos obligue a desviar la atención hacia otro estímulo. Por ejemplo, si se está discutiendo con la pareja, interrumpir la discusión, ir a la cocina y preparar algo para comer.

- Imaginar las consecuencias de ese acto impulsivo.

La aplicación de las técnicas de «solución de problemas» puede ser útil para el planteamiento de respuestas alternativas.

Fundamentalmente, se pretende que ganes una cierta perspectiva con respecto a la situación «crítica» y puedas racionalizarla, actuando así de forma más consecuente.

A medida que vayas poniendo en práctica estas técnicas, crecerá la sensación de autocontrol y, como consecuencia, disminuirán los sentimientos de impotencia y vulnerabilidad.

No obstante, a veces se puede concebir la adquisición de técnicas de autocontrol y la disminución de la impulsividad como sinónimos de pérdida de espontaneidad.

Si esto te ocurre, es importante que analices las consecuencias de tus conductas impulsivas.

Acuérdate que la espontaneidad no depende apenas de la impulsividad. Seguirás siendo divertido/a, imaginativo/a y apasionado/a, pero valorando las consecuencias de tus comportamientos.

Estas mismas técnicas se pueden aplicar en el manejo de la frustración.

Piensa en las situaciones en las que fácilmente sueles sentirte frustrado/a.

Una vez identificadas estas circunstancias, se trata de aplicar las mismas estrategias de control de la impulsividad a las situaciones del día a día en las que te sientes frustrado/a. **Para ponerlo en práctica, sugerimos que realices la ficha "Manejo de la frustración".**

Tarea de refuerzo

Si deseas comprender, ¡haz!

- Ejercicio físico

- La escala de la vida

- Revisar la agenda cada día.

- Utilizar la libreta de tareas pendientes.

- Practicar la priorización de tareas en la lista de actividades pendientes.

- Aplicar la estrategia de división de tareas en pasos más pequeños y manejables.

- Seguir evitando el desorden y manteniendo el orden.

- Utilizar los lugares elegidos para guardar los objetos.

- Seguir mejorando la capacidad atencional y aplicando el aplazamiento de la distracción.

- **Rellenar la Ficha 11.1 "Identificación de conductas impulsivas y sus consecuencias".**

- **Realizar la Ficha 11.2 "Manejo de la frustración".**

Ficha 11.1

Identificación de conductas impulsivas y sus consecuencias

Instrucciones: Te proponemos que pienses en aquellas situaciones en que sueles actuar impulsivamente.

Recuerda que existen diferentes expresiones de impulsividad, y que ésta no siempre tiene que estar asociada a agresividad.

Una pregunta que contestas sin pararte a pensar antes de dar la respuesta es una conducta impulsiva; ofrecerte como voluntario/a para una tarea sin pensar si realmente la podrás hacer es una conducta impulsiva; pegar un puñetazo en la mesa porque te dicen un «no» también es una conducta impulsiva.

Una vez tenga identificadas las situaciones en que actuaste impulsivamente, describe las consecuencias de esa conducta.

Conducta Impulsiva:

Consecuencias:

Ficha 11.2

Manejo de la frustración

Instrucciones: Piensa en situaciones en las que te hayas sentido frustrado/a y descríbelas de forma breve. Posteriormente, reflexiona acerca de las expectativas que fueron frustradas y sobre cuál fue tu reacción, Finalmente, plantea una respuesta alternativa más adecuada.

Situación que produce frustración:

Expectativa frustrada:

Respuesta a la frustración:

Respuesta alternativa:

12. DUOGÉCIMA SEMANA LA POSTERGACIÓN

"La única diferencia entre un sueño y un objetivo es una fecha"

Edmundo Hoffens

Las personas con Déficit de Atención-Hiperactividad TDAH, una vez enfrentadas a una tarea poco atractiva o que requiere un esfuerzo mental sostenido, experimentan una serie de pensamientos inútiles y un estado intermitente de desagrado que culmina en la evitación de la tarea o la postergación de la misma.

METAS DEL CAPÍTULO 12

- Exponer el concepto de postergación y sus mecanismos.

- Reflexionar acerca de las consecuencias positivas y negativas del aplazamiento de las tareas.

- Aplicar las estrategias aprendidas a lo largo del programa al manejo de la postergación.

Estrategias para la postergación

Frases como «aún queda tiempo» o «ya lo haré» son muy frecuentes en personas con TDAH. En su día a día, acostumbran a debatirse con su tendencia a aplazar las tareas y «dejar para después».

Identificar y evaluar el rol que los pensamientos y las emociones ejercen en la toma decisiones, respecto de la evitación de actividades que percibe como desagradables, facilita el camino hacia el siguiente paso, la resolución de problemas y el logro de metas.

Las emociones intensas pueden socavar la capacidad de una persona a la hora de tomar decisiones acertadas, aún cuando el individuo sea consciente de la necesidad de tomarlas de forma cuidadosa.

Las decisiones humanas son controladas por dos sistemas neurales: el deliberativo y el emocional.

El segundo, el control emotivo, es mucho más antiguo y cumplió un papel adaptativo en los primeros humanos, ayudándolos a satisfacer sus necesidades básicas, así como a identificar rápidamente el peligro y responder ante el mismo.

El sistema deliberativo parece estar ubicado en la corteza prefrontal del cerebro, que se desarrolló por encima de los viejos sistemas cerebrales, pero no los reemplazó.

El comportamiento humano no está únicamente controlado por la deliberación o bien por la emoción, sino por los resultados de la interacción de estos dos procesos.

Ante las consecuencias de una decisión se produce una determinada reacción emocional que es subjetiva, es decir, que se puede "vivenciar".

A su vez tal reacción es somática, o lo que es lo mismo, se traduce en reacciones musculares, neuroendocrinas o neurofisiológicas; o en un cambio corporal que refleja un estado emocional, ya sea positivo o negativo, que puede influir en las decisiones tomadas en un momento determinado.

Ejemplo:

Eloy, igual que sus compañeros de facultad disfruta de conversar con sus compañeros en el bar de la universidad, aunque a veces se pierda en las conversaciones, otras interrumpa demasiado, u otras simplemente se aburra.

La diferencia principal entre Eloy y sus compañeros que no tienen TDAH, se pone de manifiesto cuando advierte que se aproxima una fecha de examen.

Tan pronto comienza a pensar en preparar la materia inmediatamente se activan una serie de pensamientos negativos.

"Debería haber empezado antes a estudiar",

"Como siempre dejo todo para el último momento",

"Me presentaré cuando lo prepare mejor" etc.

Y luego creencias más profundas, activadas por el recuerdo de malos resultados previos:

"Nunca puedo hacer nada bien",

"Soy un pésimo estudiante".

Como resultado de este modo de pensar y para evitar las emociones desagradables que emergen (culpa, rabia, mal humor), Eloy anula (evitando pensar o postergando) cualquier intento de programar y organizar "paso a paso" la realización de la actividad.

De modo que la evitación o postergación indefinida son utilizadas como "estrategias a corto plazo" que lo "protegen" en lo inmediato frente al estrés que le genera abocarse a esa tarea o actividad.

En el TDAH la atención se dirige hacia donde encuentra un estímulo atractivo o estimulante (no necesariamente positivo).

La dificultad para realizar el esfuerzo mental requerido por la tarea sería lo que pone en marcha el circuito mencionado.

Son "estrategias a corto plazo" para diferenciarlas de las estrategias útiles.

Mientras que las primeras tienden a mantener el esquema disfuncional, no así las segundas, que lo modifican.

"Estrategias a corto plazo" en el TDAH:

Evitación anticipatoria:

- Magnificar la dificultad de tareas pendientes.

- Dudar sobre la capacidad propia.

- Diferir el estrés inmediato.

Procrastinación:

- Esperar hasta el límite para comenzar una tarea.

- En algunas personas, la tensión asociada al límite ayuda a ganar concentración, aunque deja poco margen para revisar errores.

Pseudo eficiencia:

- Pasar mucho tiempo completando cantidad de tareas irrelevantes.

- Crea una sensación temporaria de estar ocupado y productivo.

Malabares con los proyectos:

- Inicio de muchos proyectos novedosos y estimulantes.

- Alta motivación y concentración sólo en el comienzo.

- El patrón resultante es una cantidad de proyectos sin terminar.

Los patrones crónicos de desorganización y postergación son reforzados por pensamientos negativos:

- Pérdida de auto confianza "No creo que pueda", "No me creo capaz"

- Fracaso "Siempre he fallado y siempre fallaré en lo que me proponga realizar"

- Inadecuación "Soy básicamente mala para…"

- Incompetencia "Me siento incapaz para afrontar las demandas de la vida cotidiana"

- Inestabilidad "Mi vida siempre será caótica y desorganizada".

El primer paso en el TDAH es identificar este bucle de pensamientos inútiles y emociones desagradables que culminan en la evitación/ postergación de conductas de afrontamiento.

El segundo paso consiste en trabajar en la construcción y desarrollo de pensamientos y emociones alternativos que te permitan una mejor utilización de tus funciones ejecutivas (anticipar, planificar, organizar, jerarquizar, etc.), necesarias para la realización de actividades que requieren esfuerzo sostenido.

Escuchando en detalle los problemas que presentan los jóvenes y adultos con TDAH encontramos que las dificultades de organización en sus actividades y tareas, la distracción excesiva, la evitación del esfuerzo mental, y la inconstancia son moneda corriente en lo cotidiano.

El TDAH es un desorden que está asociado a un déficit en las funciones atencionales, inhibitorias, y de autorregulación.

Este déficit, con un fuerte componente neurobiológico, sería el responsable de las dificultades crónicas que presentan los individuos con TDAH en actividades que requieren:

- **planificación,**

- **anticipación,**

- **persistencia en tareas conforme a objetivos, y**

- **capacidad de mantener la concentración.**

Estas funciones cognitivas son independientes de la inteligencia, la motivación y de la voluntad.

Algunas personas desarrollan creencias y premisas negativas y distorsionadas de sí mismas las cuales interfieren con su funcionamiento.

Este particular modo de pensar acerca de sí y del mundo circundante puede llevarlos a presentar cuadros de ansiedad y depresión así como a postergar y posponer en forma indefinida (procrastinación), característica tan común en los adultos y jóvenes que presentan TDAH.

Los aspectos añadidos del mismo, como el bajo rendimiento, sentimientos de culpa y frustración, suelen activar patrones de conducta, pensamientos y esquemas más profundos referidos a la falta de logros laborales y personales.

Identificar y evaluar del rol que sus pensamiento ejercen en la toma decisiones respecto de la evitación de actividades que percibe como desagradables facilita el camino hacia el siguiente paso, la resolución de problemas.

La postergación son conductas aprendidas para evitar la tensión.

Finalmente es práctica la creación de un sistema de prioridades para diferenciar las tareas que son fáciles, rápidas, y motivadoras de aquellas que son importantes pero que requieren varios pasos y tiempo para su resolución.

Las recaídas y retrocesos son dificultades a resolver en lugar de una falla moral.

En este capítulo revisamos experiencias previas de postergación y intentamos identificar las áreas en las que esta tendencia resulta más perjudicial. Una vez identificado el mecanismo y los factores implicados en la postergación, utilizaremos las estrategias aprendidas en los módulos anteriores para manejar este síntoma.

Mecanismos de la postergación

La postergación es la tendencia a postergar y dejar para después la realización de una tarea. Esta tendencia al aplazamiento suele suceder cuando se trata de una actividad que no es lo suficientemente interesante, que resulta difícil y requiere un mayor esfuerzo mental, o que se prevé trabajosa y demorada.

Asimismo, añadimos que la postergación también puede deberse a **expectativas perfeccionistas** respecto al resultado del trabajo que llevan a que la persona no dé por finalizada la tarea porque no está «lo suficientemente bien hecha».

Además, puede procurar justificar dicha situación atribuyendo la causa a factores externos que no dependen de su control, como por ejemplo la aparición de un imprevisto, de una tarea más urgente, etc.

Otras veces, la postergación puede ser el resultado de lo que se suele llamar **«evitación cognitiva»**, que consiste en postergar deliberadamente la ejecución de una tarea porque se considera que el rendimiento es máximo cuando se aproxima el plazo límite.

Ciertamente, se trata de una tendencia que muchos comparten con la mayoría de los individuos adultos con TDAH, los cuales acostumbran a trabajar «a última hora».

Además, muchos adultos con TDAH poseen una gran capacidad de trabajo cuando hay hiperactividad, y efectivamente suelen concluir la tarea. Por ello, a menudo se genera la idea de que cuando hacen las cosas en el último momento las hacen con un mayor nivel de concentración y rapidez, concluyendo, por tanto, que funcionan mejor bajo presión.

A continuación, hay algunos de los motivos que pueden contribuir a generar y mantener la postergación:

- Perfeccionismo o miedo a la evaluación de un producto imperfecto.

- Dificultad para empezar la tarea antes de que el tiempo límite empiece a presionar.

- Pensamiento de que quizá vale la pena esperar un poco más porque aún se dispone de tiempo suficiente.

- Naturaleza abrumadora de la tarea.

- Desinterés por la tarea, que requiere un esfuerzo mantenido.

- Dificultad para definir un esquema de acción y establecer un punto de partida.

Pros y contras de la postergación

Puede que algunos o todos de estos motivos te parecen familiares.

Reflexiona acerca de los motivos que conducen al aplazamiento de determinadas tareas y los aspectos atractivos de la postergación, porque, aunque ésta pueda causar ansiedad y angustia, también existen motivos por los cuales «parece» preferible o más fácil posponer las tareas.

Puede que no detectes fácilmente el atractivo de la postergación, pero si piensas en ello seguro que podrás reconocer algunos pensamientos y emociones que te llevan a evitar determinadas tareas. Como comentamos anteriormente, la postergación puede parecer una buena opción si te permite evitar un sentimiento negativo o dedicarte a algo más interesante.

Por desgracia, en la mayoría de las situaciones estos beneficios potenciales quedan excedidos por consecuencias negativas más bien graves, como por ejemplo:

- La preocupación constante por una tarea que está pendiente de realizarse.

- Esperar hasta el último minuto significa abdicar de todas las demás tareas y actividades. De esta forma, la tarea parece ser todavía menos interesante.

- El riesgo de no lograr terminar la tarea dentro del plazo límite.

- La tendencia a culpabilizarse.

- La probabilidad de que el resultado final no sea tan bueno como podría ser.

- El hecho de que ignorar el problema normalmente lo hace todavía más complejo y difícil de resolver.

Es probable que reconozcas algunas de estas consecuencias y que incluso las hayas experimentado reiteradamente. Intenta a identificar otras consecuencias negativas que no están aquí descritas y que te pueden haber perjudicado de forma significativa en alguna ocasión.

Para cualquier persona, en general es más fácil darse cuenta de las consecuencias más inmediatas. Por ese motivo es fundamental que intentes a plantearte no sólo los efectos a corto plazo, sino también las consecuencias a largo plazo.

Técnicas útiles para el manejo de la postergación

Te proponemos algunas técnicas sencillas y eficaces para manejar la postergación.

- Usar una alarma que advierta o recuerde que es el momento de dedicarse a la tarea, y hacerlo inmediatamente, antes de que surjan otras interferencias.

- No permitir que otras tareas o actividades aparentemente más urgentes o interesantes se interpongan.

- Establecer una recompensa, algo placentero, para cuando se termine la tarea.

Cómo ves no introducimos nuevas estrategias, sino que vas aplicando estrategias aprendidas en los capítulos anteriores. Cuando una tarea resulta abrumadora o no sabe por dónde empezar, es más probable que la aplaces. En estos casos aconsejamos la aplicación de la estrategia de división de tareas que ya hemos introducido y quizás ya lo hayas trabajado en un capítulo anterior.

Recuerda que es importante que cada uno de esos pasos sean factibles y realistas. Por ese motivo, recomendamos también que te propongas objetivos razonables.

Si sabes que tu capacidad para mantener la atención en una tarea difícil o aburrida es de 15 minutos, podrás utilizar la estrategia de mejora de la capacidad atencional, para dividir la actividad en sub-tareas que se ajusten a ese intervalo de tiempo.

Asimismo, aconsejamos emplear la estrategia de aplazamiento de la distracción (por ejemplo, en lugar de abandonar la tarea que estás realizando para ir a hacer algo que se te ocurre en aquel momento, debes anotarlo en la libreta y revisarlo más tarde).

Como se comentó en otro módulo los pensamientos influyen en cómo se siente uno mismo y condicionan de forma significativa nuestras actitudes.

Por consiguiente, los pensamientos automáticos negativos también pueden contribuir significativamente a la postergación.

La utilización de las estrategias de reestructuración cognitiva y de identificación de pensamientos automáticos puede ayudar a generar pensamientos más útiles y positivos que contribuyan a disminuir la evitación o el aplazamiento de la tarea.

Por ejemplo, si has logrado anteriormente realizar una tarea idéntica en apenas un día, entonces lo más probable es que no empieces a trabajar en ella hasta el día anterior a la fecha límite.

El error de pensamiento está en considerar que, si lo has podido hacer una vez, podrás volver a hacerlo de nuevo.

Con ello, no estás contemplando la posibilidad de que surja algún imprevisto o de que, incluso, la tarea resulte más compleja de lo que parecía inicialmente.

Además, puede que surjan sentimientos de culpabilidad y arrepentimiento que asociarás a esta tarea, de forma que si más adelante has de volver a realizarla, la tendencia a evitarla o aplazarla será todavía mayor.

Antes de concluir este capítulo, y como hemos dicho repetidas veces anteriormente, reiteramos el principio de la repetición, es decir, la importancia de practicar las nuevas habilidades para que luego, en el día a día, puedan utilizarse fácilmente.

Como muchos de los adultos con TDAH, puede que hayas estado debatiéndote con la postergación durante toda tu vida, por lo que tu tendencia seguirá siendo aplazar las tareas hasta el último momento.

No obstante, ahora dispones de nuevas estrategias que te permiten disminuir la interferencia causada por la postergación. Por ello, te pedimos que pruebes de utilizar estas estrategias cada día durante un mes, tomando conciencia de los beneficios de no posponer las tareas.

Tarea de refuerzo

Si deseas comprender, ¡haz!

- Ejercicio físico

- Las escalas de la vida

- Revisar la agenda cada día.

- Utilizar la libreta de tareas pendientes.

- Practicar la priorización de tareas en la lista de actividades pendientes.

- Aplicar la estrategia de división de tareas en pasos más pequeños y manejables.

- Seguir evitando el desorden y manteniendo el orden.

- Utilizar los lugares elegidos para guardar los objetos.

- Practicar la prevención de distracciones, controlando el entorno de trabajo y haciendo uso de señales y avisos recordatorios y alarmas.

- Seguir mejorando la capacidad atencional y aplicando el aplazamiento de la distracción.

- Continuar aplicando la estrategia de análisis de situaciones, pensamientos, emociones y conductas.

- Seguir identificando pensamientos automáticos negativos.

- Aplicar modificación de pensamientos automáticos negativos y la generación de pensamientos alternativos.

- Aplicar las estrategias para el manejo de la frustración.

- Practicar las estrategias de control de la ansiedad. Entrenar las técnicas de relajación.

- Aplicar los conocimientos adquiridos en el capítulo y realizar la ficha de apoyo "Identificación de factores que promueven y mantienen la postergación".

- Plantearte los pros y contras de la postergación y concretarlos en la ficha "Ejercicio motivacional: pros y contras de la postergación".

Ficha 12.1

Identificación de factores que promueven y mantienen la dilación

Instrucciones: Te proponemos que reflexiones acerca de aquellas tareas o actividades que tiendes a aplazar. Como hemos comentado en el capítulo, puede que no siempre seas consciente del motivo por el que lo haces. Por tanto, sería importante que identificaras que factores están implicados, para que posteriormente puedas aplicar las estrategias de manejo de la dilación.

Tarea postergada:

Factores que contribuyen a la dilación:

Ficha 12.1

Ejercicio motivacional: pros y contras de la dilación

Instrucciones: Te proponemos que empieces este ejercicio identificando cuáles son las tareas o actividades que sueles aplazar. Posteriormente, plantéate las consecuencias inmediatas tanto positivas (pros) como negativas (contras); acto seguido, repita el ejercicio pero planteándote las consecuencias a largo plazo. Te hemos preparado una ficha que puedes usar.

	Corto plazo	Largo plazo
Pros		
Contras		

13. TRIGÉSIMA SEMANA
MANTENIENDO LO APRENDIDO

"La planificación a largo plazo no es pensar en decisiones futuras, sino en el futuro de las decisiones presentes"

Peter Drucker

Como el TDAH es una condición con un fuerte componente neurobiológico, al principio de este libro te prescribimos ponerte a sudar, es decir incidir en tu neuroquímica cerebral a través del ejercicio físico. Sobre esta base te invitamos a ordenarte ti mismo como persona, es decir, a verte como un conjunto de roles con objetivos a equilibrar a través del ejercicio La Escala de la Vida. Sobre estos aprendizajes fuimos sumando una estrategia tras otra: organización, solución de problemas, modificar el entorno, manejo de la atención, pensamientos automáticos inútiles, gestión emocional.

Cuando ya casi al final del libro estudiamos como doblarle la mano a la postergación o procrastinación, más que aprender alguna estrategia nueva, muchas de las estrategias que ya habíamos visto, se fueron integrando en capas. Este libro debería empezar nuevamente por la postergación. La procrastinación resume mucho de los problemas de las personas que viven con el TDAH.

Para generar cambios de conducta hay que pasar por seis etapas que pasan por la pre-reflexión, reflexión, preparación, acción, terminación y mantenimiento.

Sin embargo los estudios sobre como cambian las personas muestran que este círculo debe recorrerse varias veces hasta producir un cambio de hábito consistente. Es decir una vez terminado el ciclo, lo más probable es que en algún momento tengas que empezar de nuevo, pero a un nivel superior. Eso es lo normal.

Llegamos ahora al final de estos capítulos llenos de información y nuevas habilidades diseñadas para apoyarte en tus habilidades y puntos fuertes, y a afrontar las dificultades y el malestar que te pueden producir los síntomas negativos del TDAH. Pero...

La complementación de este trabajo y, por ultimo, el fin de estas semanas, no equivale al final de tu programa de entrenamiento.

Las estrategias y las habilidades que conociste como parte de este programa de entrenamiento, necesitan ser practicadas a diario, de manera que puedas llegar a hacerlas de forma automática.

En otras palabras, el fin de este libro de entrenamiento regular significa el comienzo de tu propio programa de entrenamiento, en el que trabajarás para familiarizarte y aumentar las habilidades y estrategias que has aprendido.

La mayoría de las veces es importante que una persona de tu entorno o un coach TDAH profesional, te acompañe en este reto clarificando objetivos y manteniendo tus cinco sentidos en el camino correcto. Esto lo hará a través de preguntas, seguimientos diarios y semanales, y, sobre todo, dando ánimos. También te ayudará mostrándote la lógica de cuando actúas en contra de tu propio interés. Y no se quedará sólo en eso, sino también apuntará a las soluciones de los obstáculos que te impiden seguir el camino trazado.

Si logras integrar la práctica de estas habilidades como parte de tu rutina diaria y semanal, te asegurarás de mantener y extender los beneficios alcanzados.

Para empezar la transición hacia esta nueva etapa del entrenamiento, en la que asumirás el papel de coach, conduciendo tu propio entrenamiento, es importante que reconozcas cualquier beneficio logrado.

Por favor, dedica algunos momentos a revisar los síntomas que reportaste en cada sesión. De esta manera, podrás darte cuenta de los cambios y mejorías que fuiste haciendo a lo largo del entrenamiento. Acuérdate, los beneficios de cualquier entrenamiento no aparecen hasta que se practican durante varias, varias, semanas.

El coaching TDAH no ofrece recetas ni soluciones mágicas para lograr el cambio personal y resolver las dificultades, el coaching TDAH destaca la necesidad de un compromiso sostenido para afrontar con éxito los retos las dificultades de la vida por lo tanto, este libro no es para personas que deseen gran cambio con poco esfuerzo.

Lo que nos hace cambiar no es el simple hecho de leer un libro, si no el esfuerzo que dedicamos a practicar cada día lo que el libro recomienda. Nuestra manera de interpretar los acontecimientos de la vida influye profundamente en los sentimientos que estos sucesos provocan nosotros; si modificamos nuestra manera de pensar, cambiará nuestra manera de sentir y nuestra manera de actuar.

Aspectos que te han sido útiles

Considera ahora aquellas estrategias que te fueron más útiles durante este programa. La siguiente lista resume alguna de esas estrategias aprendidas.

Por favor, puntúa la utilidad que cada una de ellas ha tenido para ti ("0" = No me ayudó nada; "100"= Fue muy importante para mi).

Además, reflexiona sobre porqué consideras que te han servido o no, y elige las que consideras que te podrán ser más útiles para poner en práctica durante las próximas semanas.

Este ejercicio tiene como objetivo que recuerdes la importancia de practicar las habilidades vistas durante este programa de entrenamiento y ayudarte a pensar en las estrategias que te puedan ser más útiles

Revisión:

- Ejercicio físico

- La Escala de la Vida

- Herramientas de organización y planificación

- Libreta para apuntar cosas-a-hacer

- Libreta para desglosar tareas

- Libreta para priorizar tareas

- Estrategias de solución de problemas y desarrollar planes de acción

- Sistemas de selección y archivo

Revisión: Estrategias de manejo de la distracción

- Partir las tareas para acotarlas al tiempo atencional y hacer descansos

- Utilizar aplazamiento de la distracción

- Usar control de estímulos en el entorno (eliminar distracciones)

- Usar control de estímulos para objetos importantes (lugar especifico)

- Alarmas de distracción

Revisión: Pensamiento adaptativo

- Usar pensamiento adaptativo para identificar errores del pensamiento

- Revisar lista de errores de pensamiento

- Usar el registro de pensamiento para generar pensamientos adaptativos

El término del entrenamiento no quiere decir que no tendrás dificultades con los síntomas en el futuro. Dependiendo de las situaciones, los síntomas pueden aumentar o disminuir.

La clave para mantener los logros obtenidos con el entrenamiento consiste en estar preparado para períodos en los que aumenten las dificultades.

Estos períodos son señales de que necesitas seguir aplicando las habilidades aprendidas.

SOBRE EL AUTOR

Jorge Orrego Bravo es licenciado en psicología, master en psicología clínica y doctor (c) en psiquiatría por la Universidad Autónoma de Barcelona. Orrego fundó en España junto al doctor Albert Blasi, el primer programa privado de diagnóstico y tratamiento en TDAH adultos.

Actualmente Jorge Orrego Bravo es el director de la clínica por Internet Atencion.org, plataforma online dedicada al Coaching del TDAH. Tiene un consultorio privado; ejerce también en la reconocida clínica Sant Gervasi en Barcelona

Jorge Orrego posee una vasta experiencia en la evaluación y Coaching de jóvenes y adultos con TDAH, tanto hombres como mujeres. Está involucrado en varios proyectos entre los que destaca Amind terapia internet (amind-terapiainternet.com) sobre investigación y desarrollo de la terapia asistida por internet.

Puedes contactar con el autor en la web www.atencion.org.

Email: jorge.orrego@atencion.org

15976079R00098

Made in the USA
Lexington, KY
07 July 2012